Step By Step
apprendre ... en réalisant

20 EXERCICES POUR

APPRIVOISER PICASA

ATELIER N°1 MATHIEU LAVANT

Oracom Éditions

168 bis - 170 rue Raymond Losserand 75014 Paris
Tél. : 01 44 78 98 38 / Fax. : 01 44 78 97 70

Auteur Mathieu Lavant
Éditrice Marie Boulic-Mersch
Directrice de collection Stéphanie Guillaume
Assistante d'édition Stéphanie Campeaux
Directrice artistique Clotilde Chevalier
Maquettiste Mathieu Lavant
Secrétaire d'édition Nadia Ali Belhadj

ISBN : 978-2-3614-5045-8

Image de couverture : Mathieu Lavant
Crédits photos : tous droits réservés.

SOMMAIRE

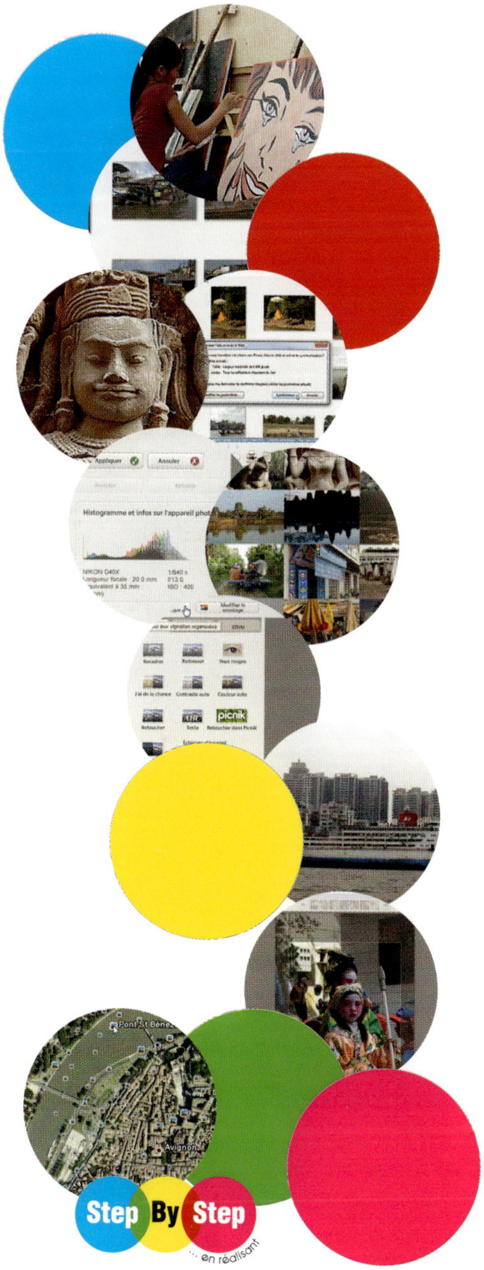

SOMMAIRE EN IMAGES

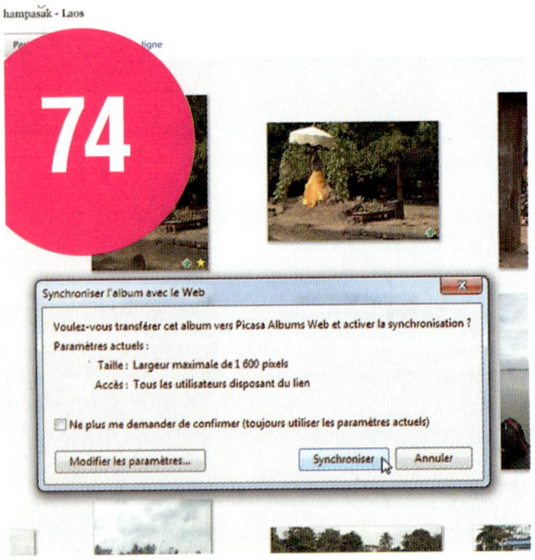

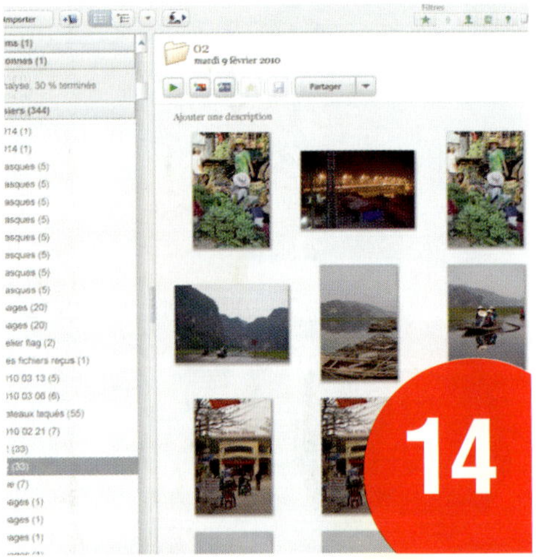

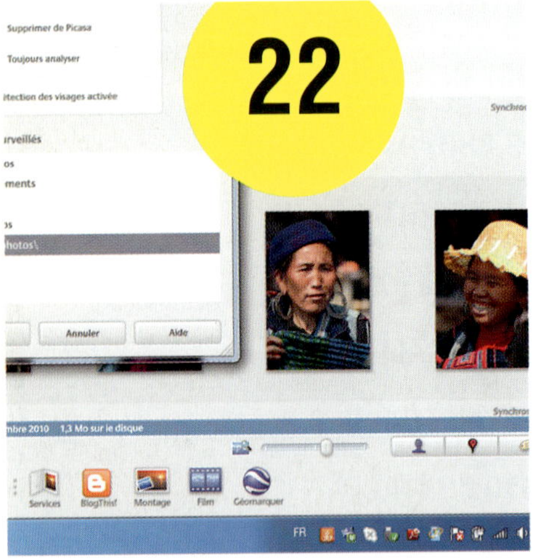

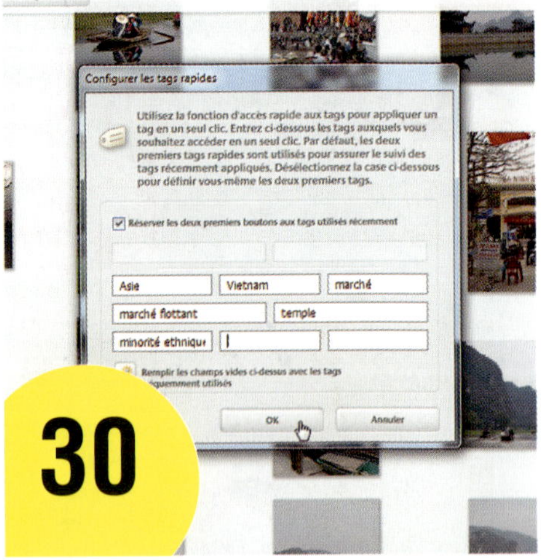

86

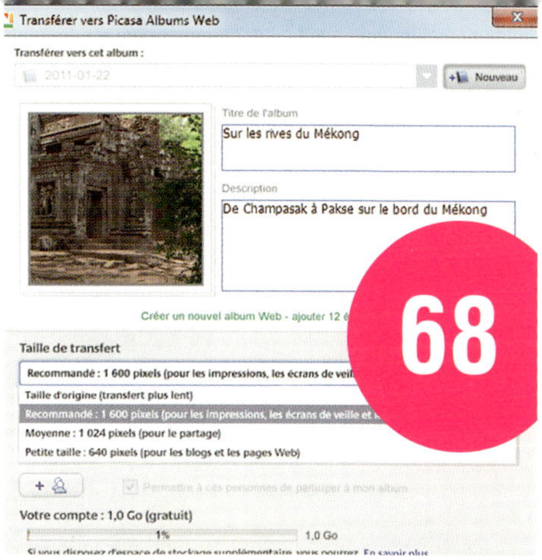
Transférer vers Picasa Albums Web
Transférer vers cet album :
Nouveau
Titre de l'album
Sur les rives du Mékong
Description
De Champasak à Pakse sur le bord du Mékong
Taille de transfert
Votre compte : 1,0 Go (gratuit)
68

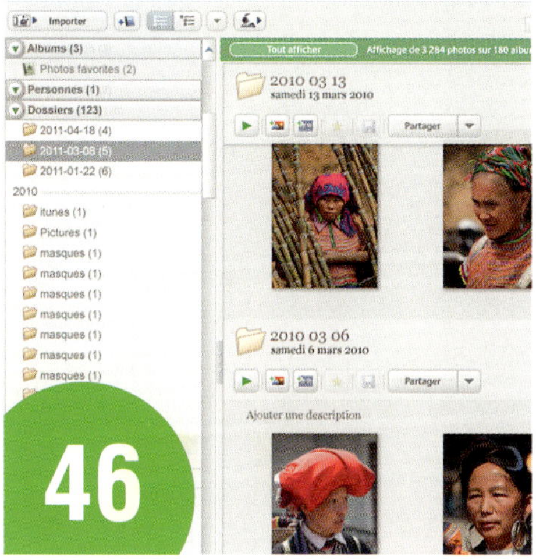
Importer
Albums (3)
Personnes (1)
Dossiers (123)
2010 03 13
samedi 13 mars 2010
2010 03 06
samedi 6 mars 2010
Partager
Ajouter une description
46

20

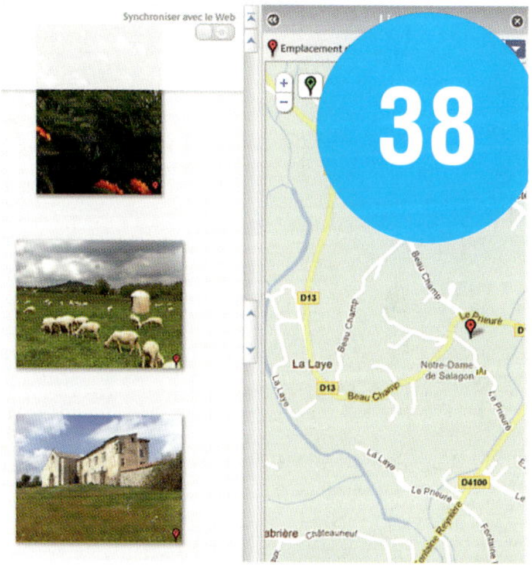
38

De Saigon à Vientiane
Publication d'un message
Commentaires
Nouveau message
Modifier les messages
Titre : Dans l'atelier des faussaires
82

52

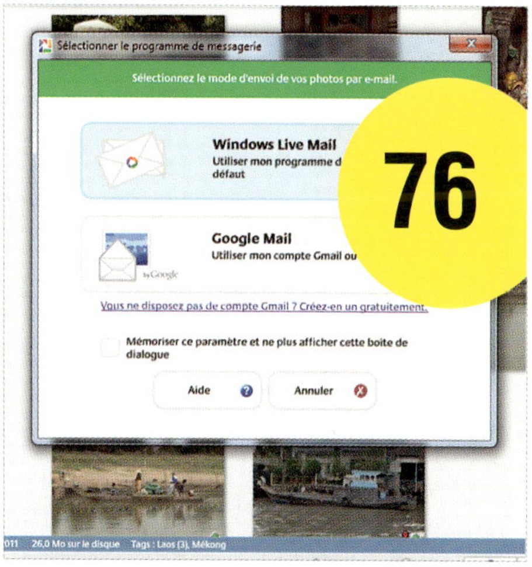
Sélectionner le programme de messagerie
Sélectionnez le mode d'envoi de vos photos par e-mail.
Windows Live Mail
Google Mail
Aide
Annuler
76

16

Importer
Albums (2)
Personnes (4)
Mathieu Lavant
Mathieu Lavant (11)
Dossiers (288)
mercredi 29 juin 2011
Partager
34

64

PRÉSENTATION GÉNÉRALE

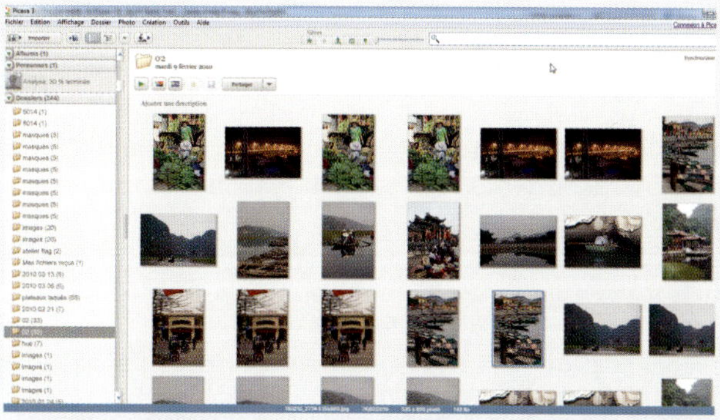

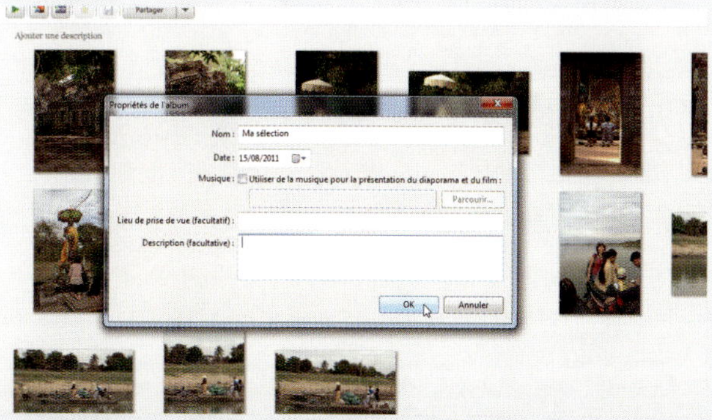

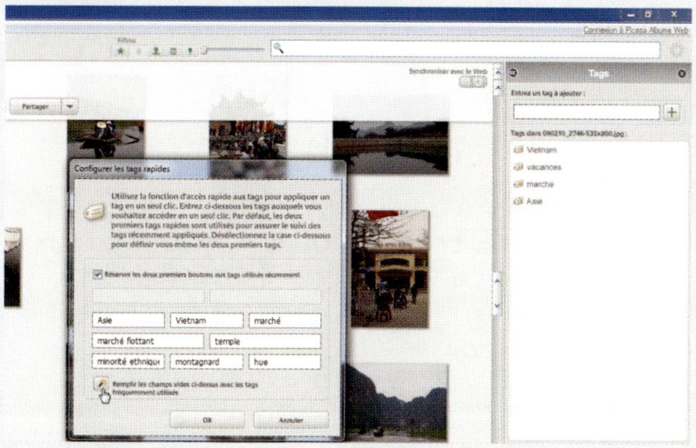

Présentation de Picasa

Depuis que vous avez fait l'acquisition d'un appareil photo numérique, vous mitraillez tous azimuts, mais faute de savoir quoi faire de vos photos, vous les conservez sur des cartes mémoires dans le tiroir de votre bureau.

En fait, il vous manque une application qui vous permette de gérer votre collection de photos sur votre ordinateur. Mais dans ce domaine, les solutions sont nombreuses, de prix très variables, et parfois complexes à utiliser. Si vous êtes un simple photographe du dimanche, sans connaissance particulière de l'image numérique, vous vous orienterez vers Picasa. En effet, il s'agit d'une application gratuite, et comme vous allez le découvrir dans les 20 exercices de ce cahier, simple d'emploi. De plus, rien ne vous empêche de faire vos premiers pas avec Picasa, puis de passer à une solution plus complète comme Photoshop Elements, par exemple.

Un catalogueur

Picasa est avant tout un catalogueur : lors du premier lancement il va recenser toutes les photos présentes sur votre ordinateur (ou celles présentes dans des dossiers prédéfinis), pour les présenter ensuite, rangées dans des dossiers et classées par dates. Mais rassurez-vous, Picasa ne déplace aucun fichier, et une fois catalogués, vous retrouverez vos clichés dans leurs dossiers d'origine. Quid des photos que vous conservez précieusement sur votre carte mémoire ? Comme vous le découvrirez dans l'exercice 3, Picasa vous permet aussi d'importer des clichés à partir d'une source externe.

Créer des albums

Pour mieux profiter de vos photos, Picasa vous permet également de créer des albums (voir exercice 5). À l'image des vieux albums photos de votre enfance, il s'agit de rassembler les clichés de votre choix dans un dossier virtuel, sans pour autant les déplacer de leurs dossiers d'origine.
Vous pourrez ainsi créer un album Famille, un album Voyage, un album Mes meilleurs photos, etc., autant d'albums qui auront peut-être des clichés en commun.

Tagger vos photos

Si Picasa vous permet de multiplier les albums à l'infini, ce n'est pas toujours la meilleure solution pour classer des photos. En effet, vous risquez de passer un temps considérable à créer des albums sur tous les thèmes possibles et imaginables, et malgré tout, il y aura toujours un thème pour lequel vous n'aurez pas créé d'album. Vous aurez donc intérêt à tagger vos photos (voir exercice 6). De quoi s'agit-il ? Il s'agit de créer des mots-clés de toutes sortes et de les associer à vos clichés, de manière à pouvoir les retrouver plus facilement à l'aide des fonctions de recherche de Picasa. Ainsi sur une photo de coucher de soleil, vous ajouterez bien sûr le mot-clé « coucher de soleil », mais suivant le cas, vous pourrez aussi ajouter les mots-clés suivants : vacances, famille, Bretagne, été 2009, etc.

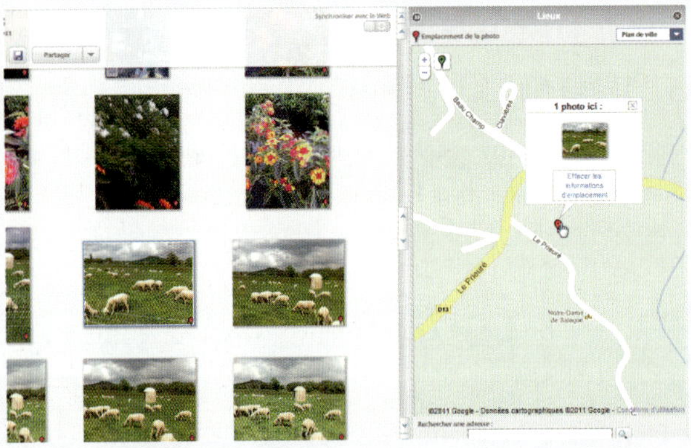

Géotaggage

Comme vous le savez, Picasa est une application développée par Google, le créateur du célèbre moteur de recherche. Mais Google c'est aussi Google Maps, ce service de cartes interactives et de géolocalisation qui vous permet d'afficher le plan (ou la vue satellite) de n'importe quel endroit du monde.
Comme vous le découvrirez dans l'exercice 8, Picasa vous permet de géolocaliser vos clichés grâce au service Google Maps. En d'autres termes, vous pourrez visualiser vos lieux de prises de vues sur une carte Google, à condition de les géotagger, ou bien de disposer d'un appareil photo numérique doté d'un GPS, comme celui d'un smartphone.

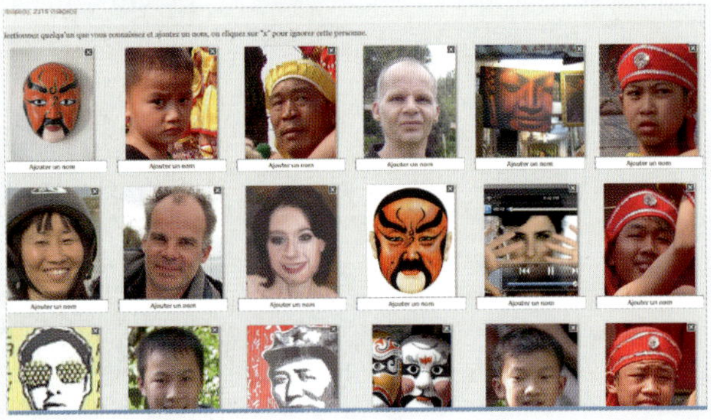

Reconnaissance de visages

Il y a quelques années, les systèmes de reconnaissance de visages étaient encore des technologies de pointe, réservées à la sécurité de certaines entreprises high tech. Aujourd'hui, Picasa, comme la plupart des catalogueurs, intègre une fonction de reconnaissance de visages (voir exercice 7). Grâce à ce système, l'application est capable de détecter la présence de visages dans un cliché, puis de trouver les visages similaires, une fois que vous les aurez identifiés. Vous pourrez ainsi retrouver facilement toutes les photos dans lesquelles apparaît le cousin d'Odessa, même si ces photos sont disséminées dans une multitude de dossiers.

Recherche de photos

Toutes ces fonctions de taggage, géotaggage et reconnaissance de visages, sont là pour vous faciliter la recherche de photos dans votre photothèque. En effet, si vous pouvez effectuer une recherche manuelle dans quelques centaines de photos, la tâche devient beaucoup plus difficile dans une collection de quelques milliers de clichés. Dans ce cas, la seule solution sera d'exploiter les fonctions de recherche de Picasa ; ce que vous découvrirez dans l'exercice 10. À condition de bien tagger vos clichés, vous devriez être capable de retrouver n'importe quelles photos.

Diaporama/ Export diaporama

Pour partager des photos avec vos amis, rien ne vaut un bon diaporama, qui vous fera oublier les interminables soirées diapo de votre enfance.
Et c'est sans doute une des principales fonctionnalités que vous attendez de votre catalogueur.
Avec Picasa, la mise en œuvre de ce type de présentations est simplifiée à l'extrême. En pratique, vous avez le choix entre deux possibilités : jouer le diaporama en direct sur votre ordinateur (voir exercice 11), ou bien l'enregistrer sous forme de séquence vidéo que vous pourrez ensuite graver sur un DVD ou un CD-Rom (voir exercice 18).
En choisissant cette seconde solution, vous pourrez ajouter un fond musical et des panneaux d'intertitres à votre présentation.

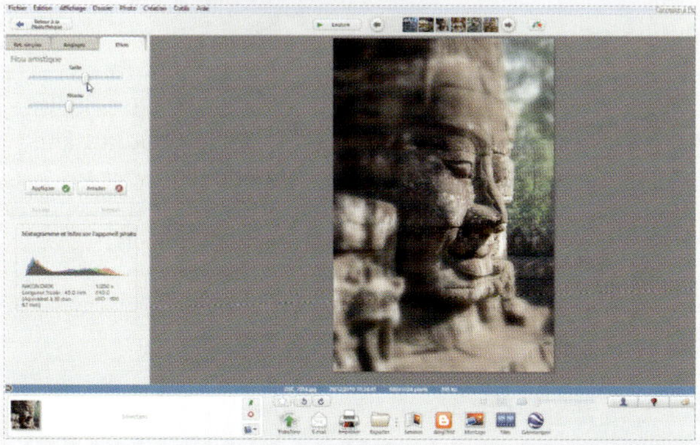

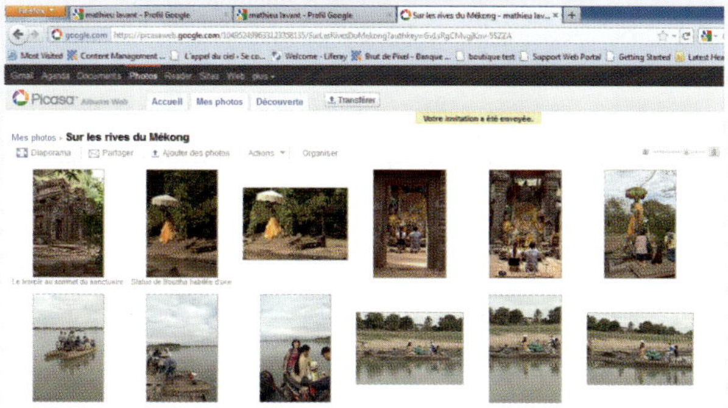

Retouches et corrections

Photos floues, ternes, surexposées, sous-exposées… Comme tout le monde, vous avez votre lot de photos pas totalement ratées, mais qui auraient besoin de quelques corrections pour être présentables. Mais vous pensez que ce type d'interventions est réservé aux pros équipés d'un Photoshop. Détrompez-vous! Si ce domaine vous intéresse, Picasa vous offre tous les outils nécessaires à la correction d'images. En effet, comme vous le découvrirez dans l'exercice 12, l'application dispose de toute une panoplie de commandes qui vous permettront de corriger simplement le contraste d'une image, ses couleurs ou sa luminosité. Bien entendu, vous ne ferez pas de miracle, mais vous pourrez « sauver » des clichés que vous pensiez irrécupérables.

Photomontage

Une fois vos photos taggées, cataloguées et corrigées, vous aurez peut-être envie d'aller plus loin et de créer des photomontages : supprimer un élément de décor, changer l'arrière-plan d'une photo, doter votre poisson rouge d'une tête humaine… Dans ce domaine, les limites sont celles de votre imagination, mais malheureusement les possibilités de Picasa sont assez réduites. En effet, avec cette application, vous ne pourrez pas découper une portion d'image pour la coller dans un autre cliché. Pas plus que vous ne pourrez supprimer un détail qui gâche votre photo. En revanche, Picasa vous permet de créer des montages simples (voir exercice 13), comme une mosaïque d'images, une pile de photos en vrac, une superposition de deux clichés… Pour le reste, il vous faudra d'abord acquérir de l'expérience puis passer à Photoshop Elements ou Gimp !

Des filtres

En matière de création, il n'y a pas que le photomontage. Il y a aussi les filtres qui permettent de transformer une image en lui appliquant un effet particulier : colorisation, suppression des couleurs, flou artistique… Dans ce domaine, Picasa vous propose son lot de commandes que vous trouverez à proximité des commandes de corrections d'images (voir exercice 14). Grâce à celles-ci, vous pourrez modifier l'apparence de certaines photos, tout en gardant la possibilité de revenir à l'image originale.

Picasa Albums Web

Si publier vos photos sur le Web fait partie de vos rêves, vous avez sans doute déjà creusé le sujet. Vous aurez alors compris qu'il existait une multitude de solutions : de la création de votre propre site Web, à l'utilisation d'une application spécialisée, en passant par les nombreux services de partage de photos en ligne, comme par exemple Flickr. Si vous n'avez pas encore trouvé la solution idéale, ne cherchez plus. Vous l'avez à portée de souris, intégrée dans Picasa. En effet, comme vous le découvrirez dans l'exercice 15, Picasa dispose d'un accès direct à Picasa Albums Web, le service de partage de photos en ligne de Google.

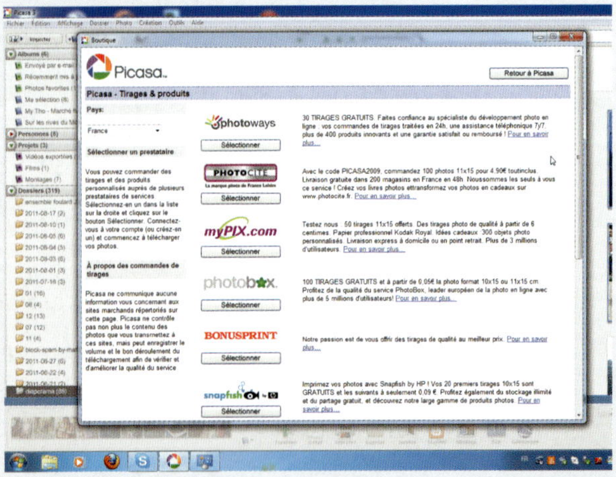

Grâce à ce service, vous pourrez publier en ligne un nombre de photos quasi illimité, en opérant directement à partir de Picasa. Vous pourrez, de plus, choisir pour chacune de vos galeries, sa visibilité : publique ou privée.

Blogger

Pour ceux qui préfèrent mêler le texte à l'image, il y a la solution du blog. Contrairement à la galerie de photos en ligne, le blog permet de publier des articles (ou messages) agrémentés de quelques photos. Là encore, les solutions sont multiples, mais Google dispose de son propre outil de blog, Blogger, directement accessible depuis Picasa. Pour publier dans Blogger, vous devrez d'abord vous inscrire à ce service et créerez votre blog avec votre identifiant Google. Vous pourrez alors publier photos et articles sans quitter Picasa. Comme vous le découvrirez dans l'exercice 19, l'accès à Blogger depuis Picasa se fait dans une interface simplifiée qui ne propose pas tous les réglages dont dispose l'interface Web, mais rien ne vous empêchera ensuite, de rééditer et modifier vos articles en vous connectant directement à Blogger, via votre navigateur Web.

Tirages et impression

Comme tous les gestionnaires d'images numériques, Picasa intègre des commandes d'impression (voir exercice 20), qui permettent d'imprimer une plusieurs photos sur votre imprimante personnelle. Mais l'application vous propose aussi un accès simplifié aux nombreux sites de tirages en ligne. Grâce à cette fonction, le transfert de vos clichés se fera de manière complètement transparente. Il ne vous restera en fait qu'à choisir le format et le nombre de tirages, puis à régler le montant de la commande.

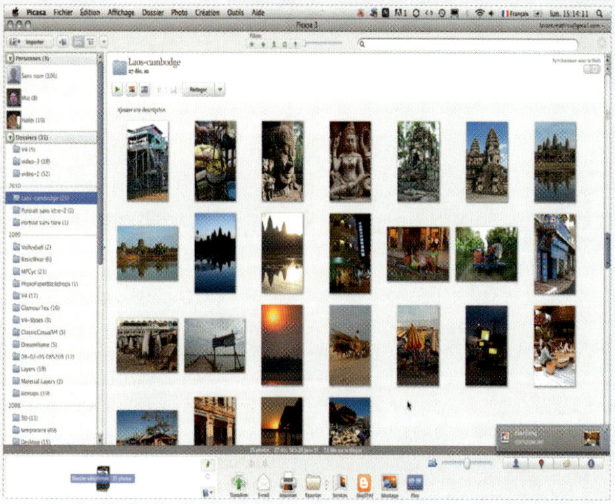

Du côté du Mac

Si vous êtes un utilisateur Mac et feuilletez ce livre, vous constaterez qu'il traite avant tout de la version Windows de Picasa. Les utilisateurs équipés de PC étant de très loin plus nombreux que ceux équipés d'un Mac, nous avons privilégié les premiers. Néanmoins, si vous faites partie de cette seconde catégorie et n'êtes plus totalement néophytes dans le maniement de votre ordinateur, vous devriez facilement retrouver vos marques. En effet, l'interface de Picasa est identique sur les deux plateformes et les dossiers Utilisateur ont à peu près la même structure dans les deux environnements.

Les ressources du CD

En accompagnement de ce livre, vous trouverez un CD-Rom qui contient les photos utilisées dans les différents exercices. Comme vous le constaterez, certains exercices sont dépourvus de dossier photos ; cela signifie que vous pouvez utiliser les photos de votre choix.

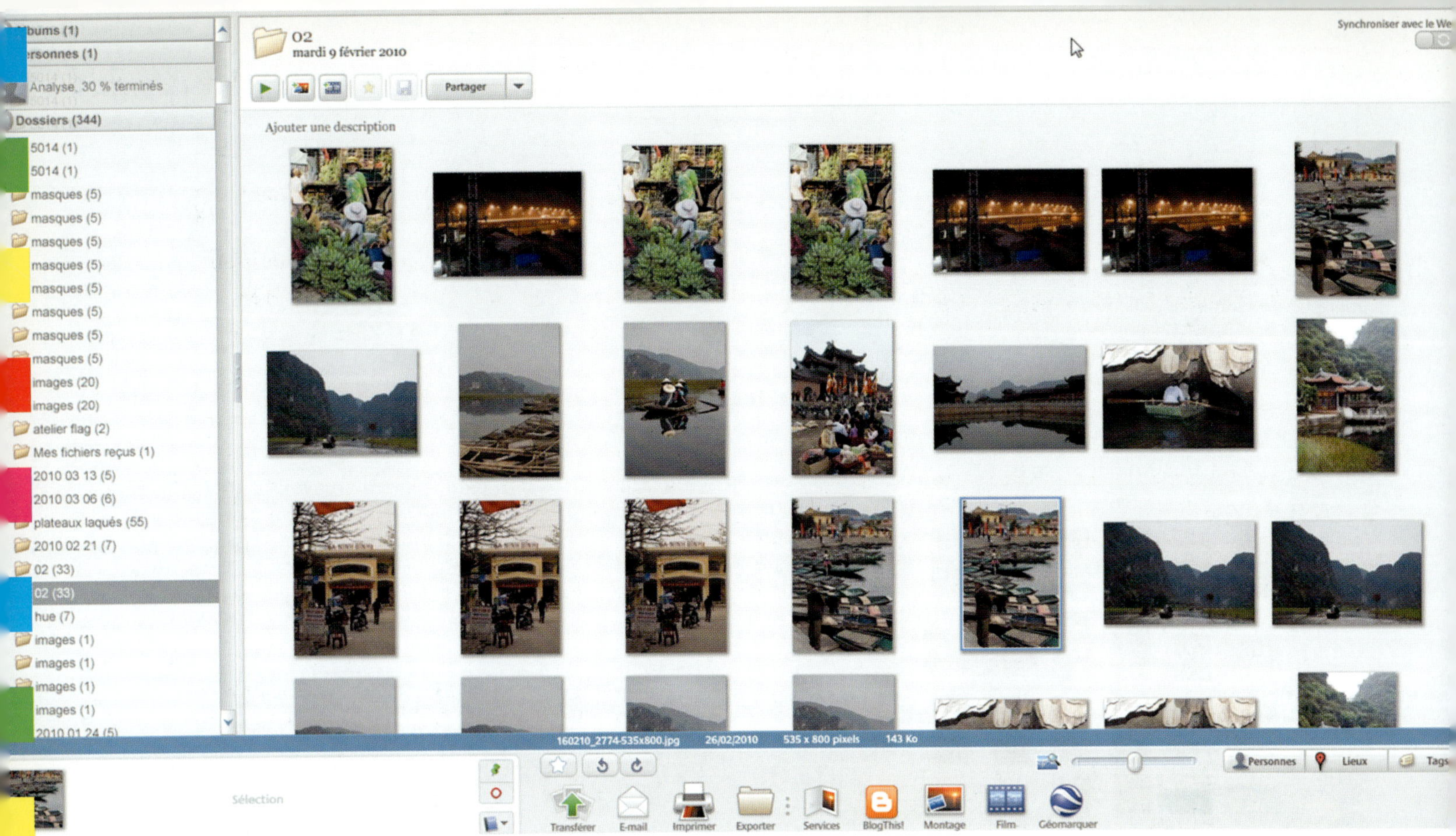

PREMIER LANCEMENT

EXERCICE 1
DURÉE : 30 MIN
Step By Step

Lors de son premier lancement, Picasa réclame quelques réglages qu'il vaut mieux connaître afin de bien démarrer.

Si vous avez déjà installé Picasa et lancé l'application une première fois, vous avez rencontré une boîte de dialogue qui vous demandait de sélectionner une option d'indexation. Faute de savoir quoi faire, vous avez conservé le réglage par défaut, mais ce n'était pas forcément le bon choix. Dans cet exercice, nous allons revenir sur le premier lancement de Picasa et le choix de ce réglage initial qui a une incidence directe sur le nombre de photos qui seront indexées par l'application.

Si vous n'avez jamais démarré Picasa, vous pourrez ainsi choisir le réglage qui vous convient le mieux. En revanche, si vous avez déjà lancé l'application, vous découvrirez qu'il est encore possible de modifier ce réglage initial sans avoir à refaire l'installation.

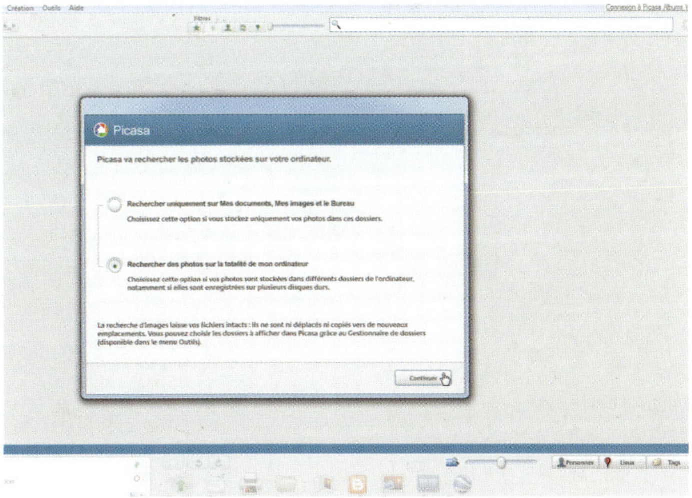

01 OPTIONS D'INDEXATION

Après avoir installé Picasa, démarrez l'application ; lors de son premier lancement, cette dernière affiche une boîte de dialogue que vous ne reverrez plus par la suite. Si vous stockez vos photos dans les dossiers prédéfinis Mes documents, Mes images, cliquez sur la première option ; dans le cas contraire, cliquez sur la seconde option. Cliquez ensuite sur le bouton Continuer : Picasa démarre l'indexation des photos présentes sur votre ordinateur. L'opération peut durer quelques dizaines de minutes.

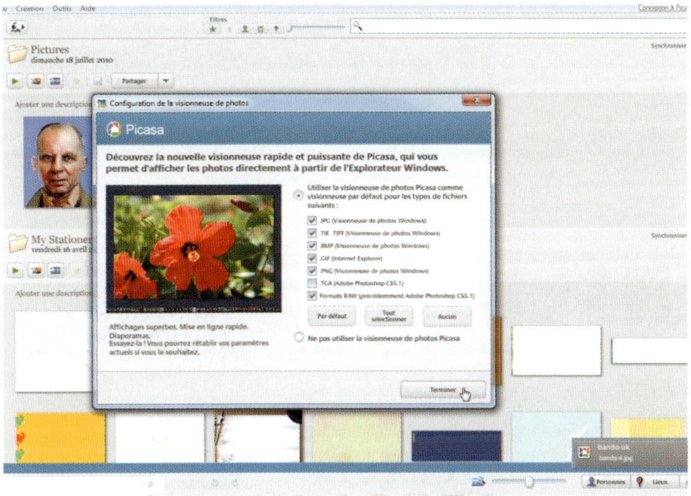

02 VISIONNEUSE WINDOWS

Au fur et à mesure de l'indexation, de nouveaux dossiers apparaissent dans la partie gauche de l'interface, et le panneau central de Picasa commence à afficher les vignettes des images déjà indexées. Durant ce travail, qui s'effectue en tâche de fond, vous verrez sans doute s'afficher la boîte de dialogue Configuration de la visionneuse de photos. Il s'agit d'une extension de Picasa qui vous permettra de parcourir vos photos à partir de l'Explorateur Windows. Conservez les réglages par défaut et refermez la boîte de dialogue en cliquant sur le bouton Terminer.

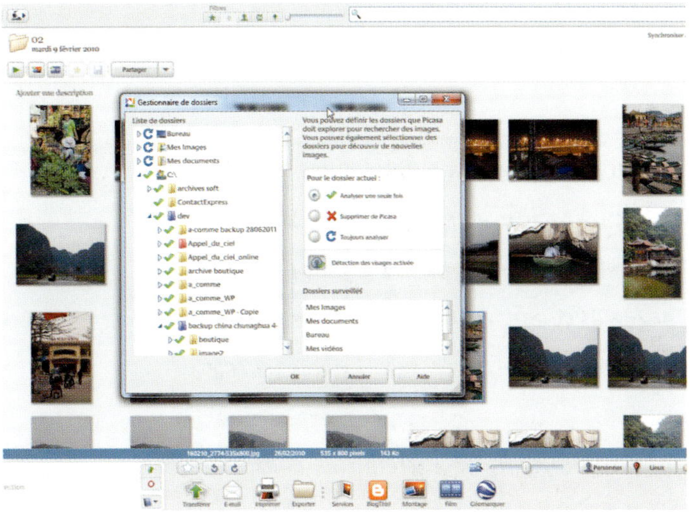

03 CHOIX DES DOSSIERS

Comme nombre d'utilisateurs, vous aviez sans doute déjà lancé Picasa avant d'ouvrir ce livre, et vous avez réalisé à la lecture de l'étape 01 que vous n'aviez pas choisi la bonne option d'indexation. Rassurez-vous, grâce au Gestionnaire de dossiers de Picasa, accessible à partir du menu Outils, vous pourrez modifier les options d'indexation et ajouter des dossiers de photos qui doivent être indexés, ou supprimer des dossiers indexés par erreur. Nous reviendrons plus en détail sur ces manipulations dans l'exercice 4.

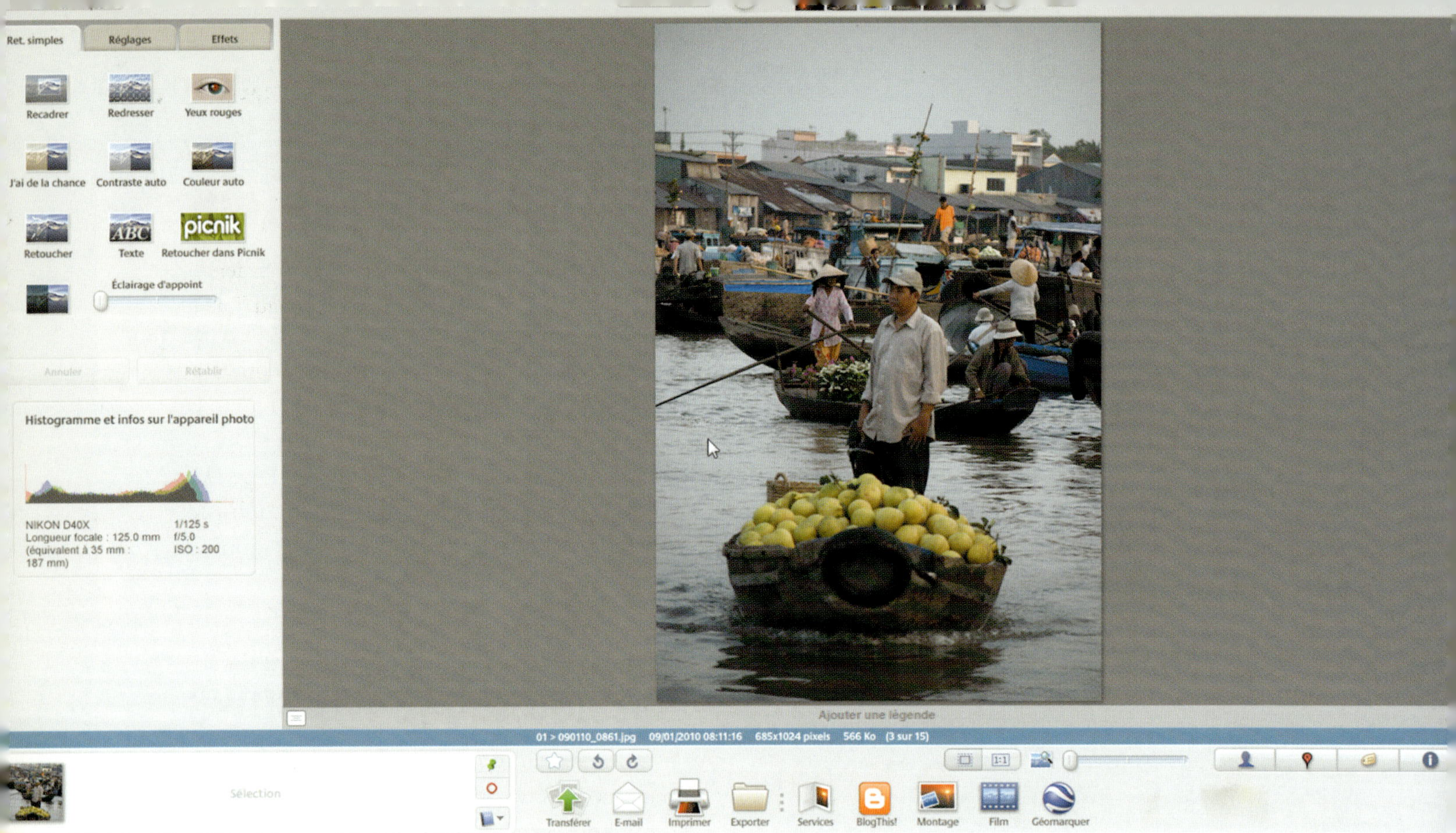

DÉCOUVERTE DE L'INTERFACE

Avant de vous lancer tête baissée dans la gestion de votre photothèque, prenez quelques minutes pour apprivoiser l'interface.

EXERCICE 2
DURÉE : 15MIN
Step By Step

Vous avez effectué le premier lancement de Picasa et vous avez choisi une option d'indexation. À présent, l'application a terminé l'indexation de vos photos et affiche une liste de dossiers dans la partie gauche de sa fenêtre. Avant de commencer à travailler avec votre nouveau gestionnaire d'images, il s'agit d'abord de prendre vos repères. Et ce sera l'objet de cet exercice de neuf étapes.

Dans les pages qui suivent, vous allez découvrir les différentes composantes de l'interface de Picasa et les manipulations de base : comment visualiser le contenu d'un dossier, afficher une image en grand format, ouvrir le panneau d'informations, accéder au module de correction... En bref, tout ce que vous devez savoir pour bien démarrer avec Picasa.

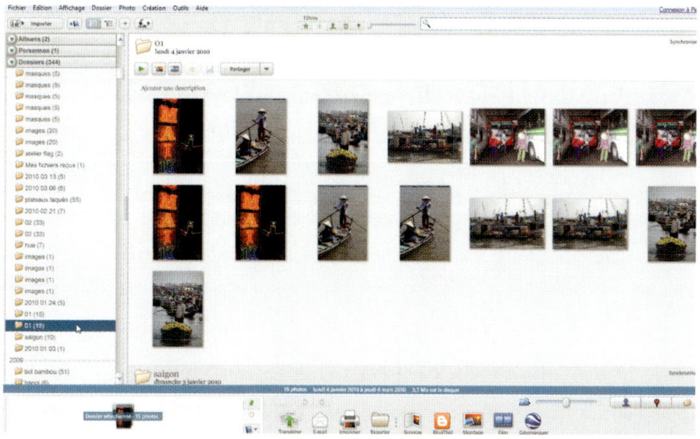

01 OUVRIR UN DOSSIER

Vous avez lancé Picasa, l'application affiche sa fenêtre de travail. Dans sa partie gauche, un panneau liste les dossiers qui ont été trouvés lors du premier lancement. Ceux-ci sont classés par ordre chronologique, du plus récent (en haut de la liste) au plus ancien. Cliquez sur le dossier de votre choix pour visualiser son contenu dans le panneau principal : Picasa affiche alors les images contenues dans le dossier sous forme de vignettes dont vous pouvez contrôler la taille et l'orientation.

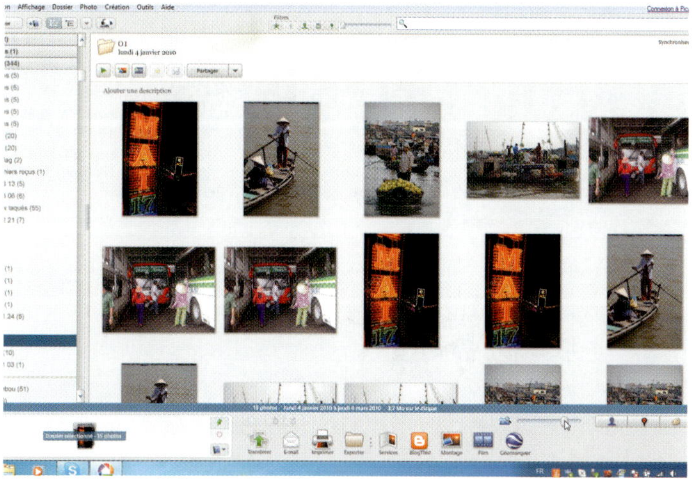

02 AGRANDIR OU PIVOTER DES VIGNETTES

Pour modifier la taille des vignettes, descendez dans la barre d'icônes, en bas de l'écran, et faites glisser le curseur horizontal que vous trouverez dans la partie droite de la fenêtre. Ce réglage s'applique à l'ensemble des dossiers et vous pouvez le modifier à tout moment. Si vous devez faire pivoter une photo mal orientée, cliquez sur sa vignette, puis cliquez sur l'un des boutons de rotation situés au milieu de la barre d'icônes, dans la partie inférieure de l'écran.

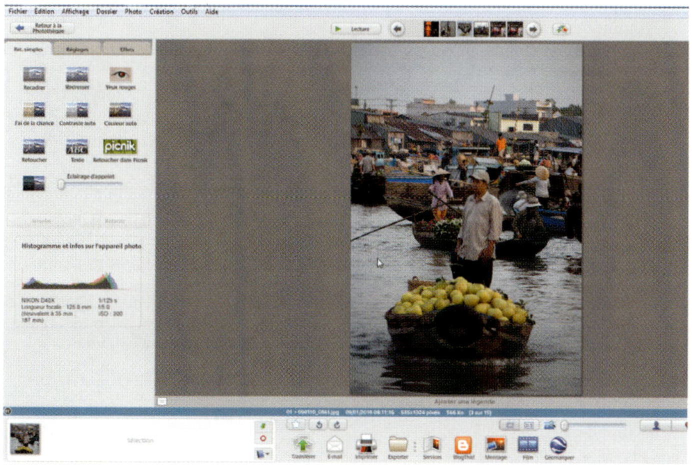

03 AFFICHER UNE IMAGE

Pour afficher une photo en grand format, cliquez sur sa vignette puis tapez sur la touche Retour : Picasa ouvre une nouvelle interface qui affiche dans son panneau principal le cliché en grand format. Pour effectuer un zoom sur la photo, revenez dans la barre d'icônes, en bas de l'écran, et faites glisser le curseur que vous avez utilisé pour agrandir la taille des vignettes. Puis cliquez sur le bouton Retour à la photothèque, situé en haut à gauche de l'écran, pour revenir à l'interface de gestion des photos.

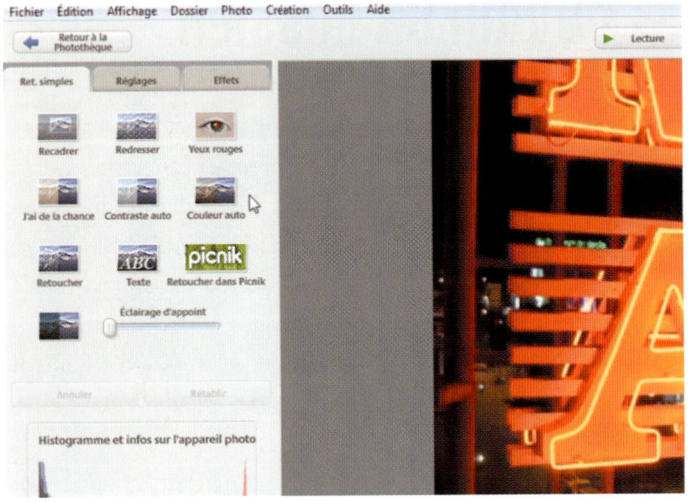

04 ÉDITER UNE PHOTO

De retour dans l'interface principale, sélectionnez une autre vignette et tapez sur la touche Retour; Picasa affiche la photo en grand format, comme à l'étape précédente. Dans la partie gauche de l'écran, un panneau regroupe les commandes de corrections et de retouches, réparties dans trois onglets. Nous en reparlerons dans l'exercice 12. Pour le moment, revenez dans l'interface principale, à l'aide du bouton situé en haut à gauche de l'écran, ou bien en tapant sur la touche Retour.

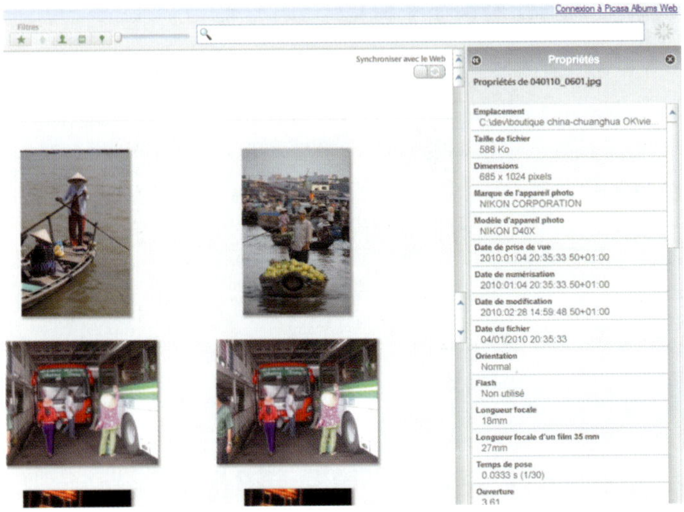

05 AFFICHER LES INFOS

Dans la partie droite de la barre d'icônes, en bas de l'écran, Picasa affiche un groupe de boutons dont le dernier représente un "i" blanc sur un disque bleu. Sélectionnez une vignette quelconque dans le dossier actif, puis cliquez sur ce bouton; le panneau Propriétés apparaît dans la partie droite de l'écran. Vous y trouverez les dimensions et le poids du cliché sélectionné, ainsi que son emplacement sur l'ordinateur, et s'il s'agit d'une photo provenant de votre appareil photo numérique, vous y trouverez également des données de prise de vue (ouverture, focale, etc.).

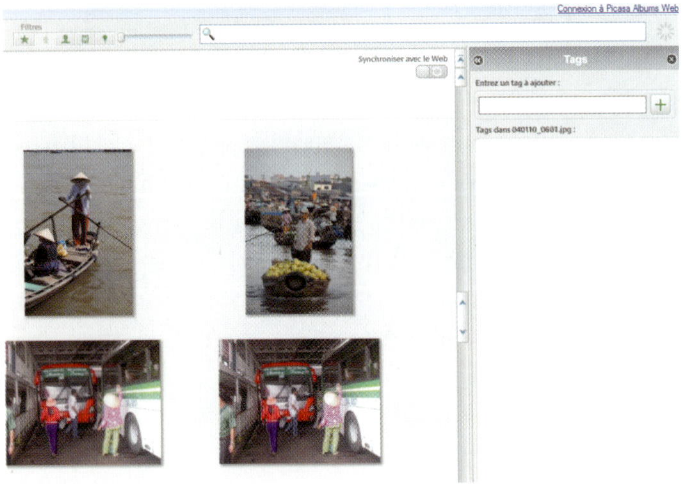

06 AFFICHER LES TAGS

Refermez le panneau Propriétés en cliquant sur sa case de fermeture, dans son angle supérieur droit, puis cliquez sur le bouton situé à gauche du bouton Informations; Picasa affiche le panneau Tags. Comme vous le découvrirez dans l'exercice 6, le panneau Tags permet d'associer des mots-clés au cliché sélectionné. Ce qui vous permettra par la suite de trier vos photos et de retrouver facilement un cliché en particulier.

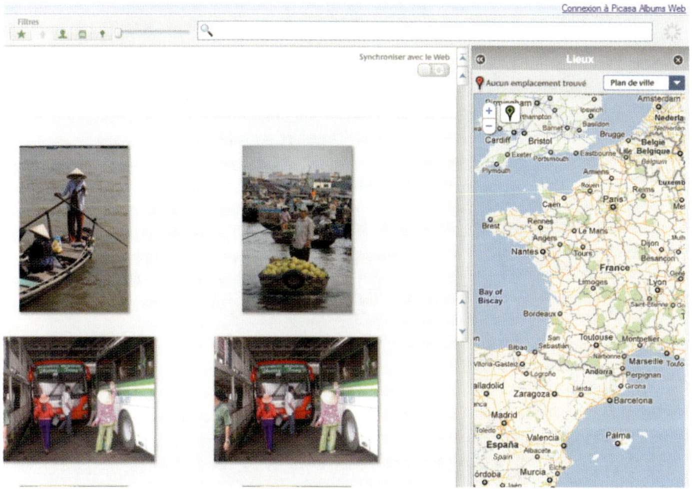

07 AFFICHER LES LIEUX

Revenez dans la barre d'icônes, en bas de l'écran, et cliquez sur le bouton situé à gauche du bouton Tags ; Picasa ouvre le panneau Lieux. Si vous avez pris des clichés avec un appareil photo doté d'un GPS (celui de votre smartphone par exemple), le panneau Lieux affichera les lieux de prises de vues. Mais comme vous le découvrirez dans l'exercice 08, vous pourrez également utiliser ce panneau pour effectuer un géotaggage manuel, en associant un lieu à chaque cliché sélectionné dans votre photothèque.

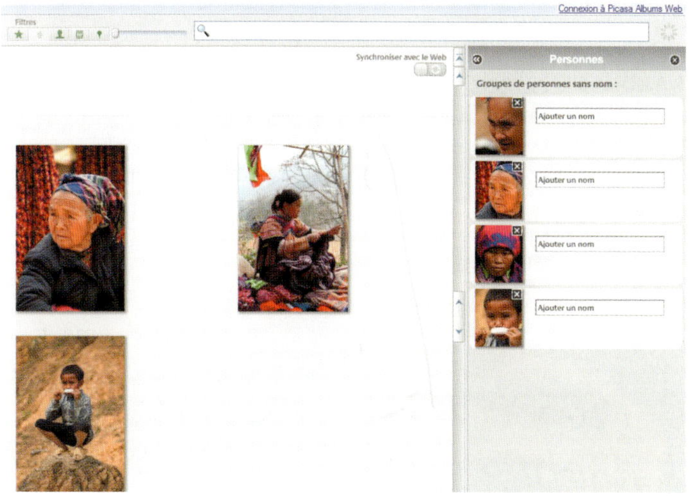

08 AFFICHER LES VISAGES

Revenez encore une fois dans la barre d'icônes, en bas de l'écran, et cliquez sur le premier bouton du groupe. Picasa ouvre alors le panneau Personnes qui affiche les vignettes des personnes détectées dans le dossier sélectionné. Si l'application n'a détecté aucun visage dans le dossier de photos, le panneau sera vide. Nous verrons dans l'exercice 07, comment exploiter la fonction de reconnaissance de visages de Picasa.

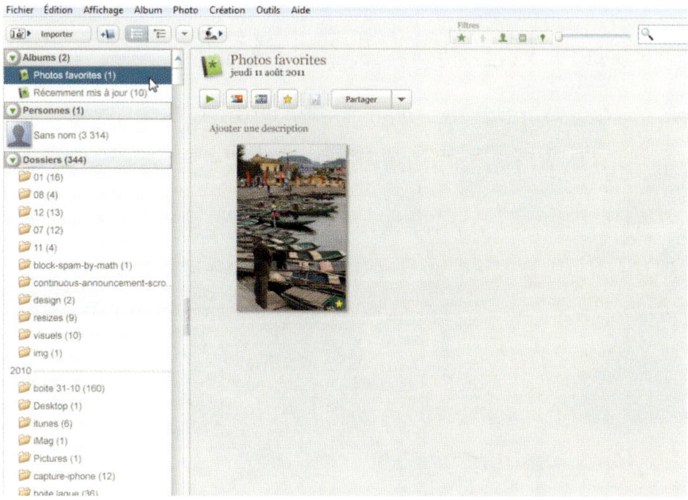

09 ALBUMS

Pour terminer cette première visite, revenez dans le panneau de gauche qui liste les dossiers de photos. En haut de ce panneau, se trouve la rubrique Albums. Comme vous n'avez encore créé aucun album, cette rubrique ne contient qu'un ou deux albums générés automatiquement par Picasa : Photos favorites et Récemment mis à jour. Nous verrons dans l'exercice 05 comment créer des albums de photos qui vous permettront de regrouper une sélection de clichés sans les déplacer de leur dossier d'origine.

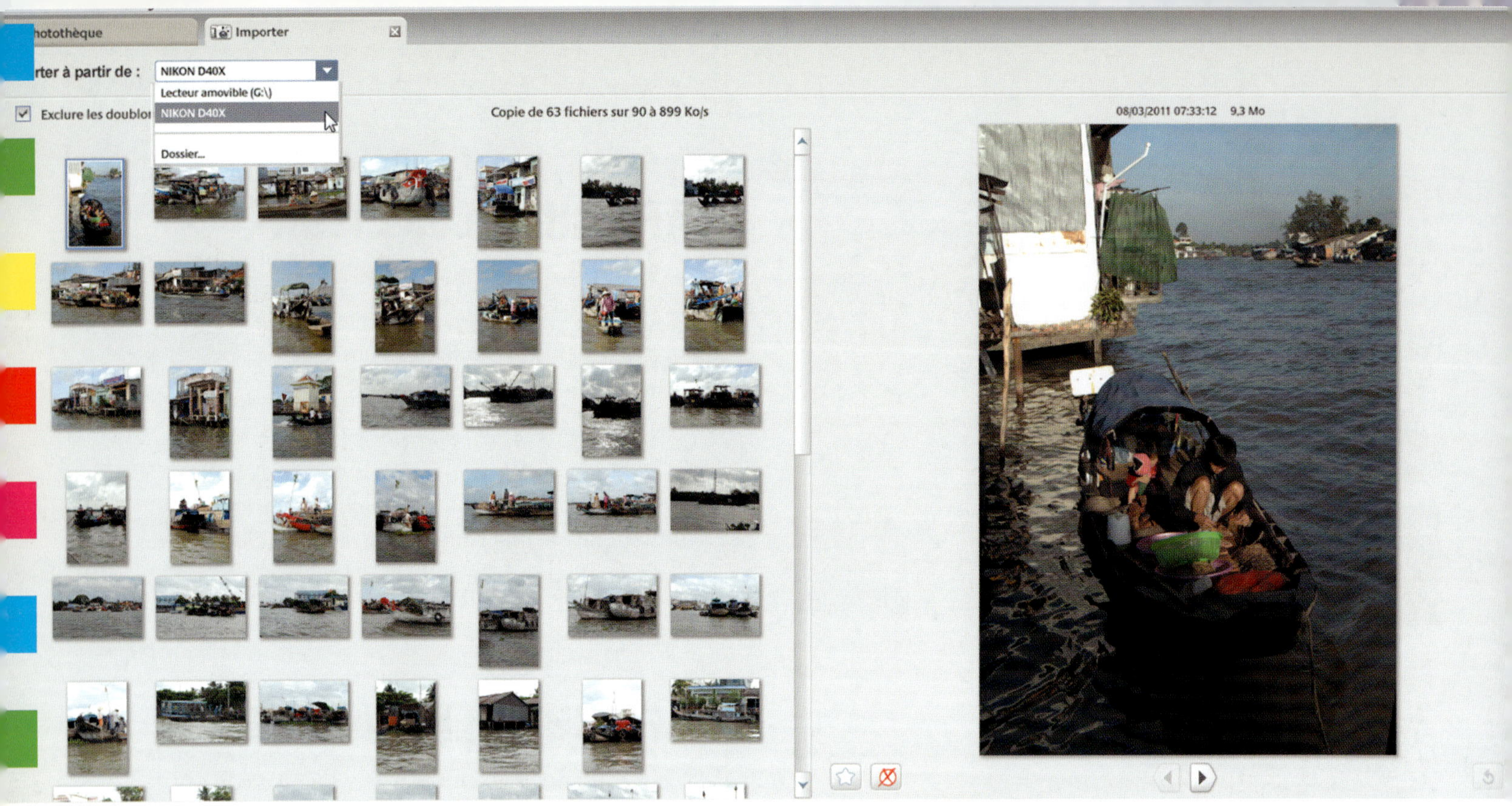

IMPORTER VOS CLICHÉS

Pour alimenter votre photothèque, Picasa vous permet d'importer directement les clichés pris avec votre appareil photo numérique.

EXERCICE 3
DURÉE : 20MIN
Step By Step

Vous n'avez sans doute pas attendu Picasa pour transférer sur votre machine les clichés pris avec votre appareil photo numérique. Mais désormais, comme vous allez le découvrir dans cet exercice, vous pourrez effectuer cette opération le plus simplement du monde, directement depuis l'application, grâce à la commande Importer.

Si vous avez toujours préféré conserver vos clichés dans votre appareil photo, c'est le moment de sauter le pas et de les transférer sur l'ordinateur, afin de tirer partie de toutes les fonctionnalités de Picasa : diaporama, partage, commande de tirages, etc. Quoi qu'il en soit, rien ne vous empêchera de conserver, en plus, une copie de ces photos sur la carte mémoire de votre appareil.

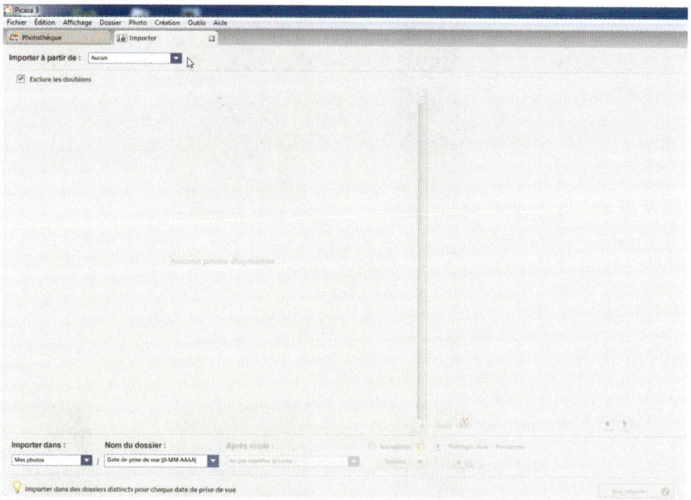

01 LA COMMANDE IMPORTER

Après avoir démarré Picasa, cliquez sur le bouton Importer situé au-dessus de la liste de dossiers, dans la partie gauche de l'écran ; Picasa ouvre l'interface Importer qui s'affiche sous la forme d'un nouvel onglet dans la fenêtre de l'application. Pour le moment, cette interface est vide. Connectez votre appareil photo numérique sur le port USB de l'ordinateur, ou bien insérez la carte mémoire dans le lecteur de carte de l'unité centrale, si elle en est équipée. Notez que vous pouvez également utiliser un lecteur de carte externe que vous brancherez sur un port USB de la machine.

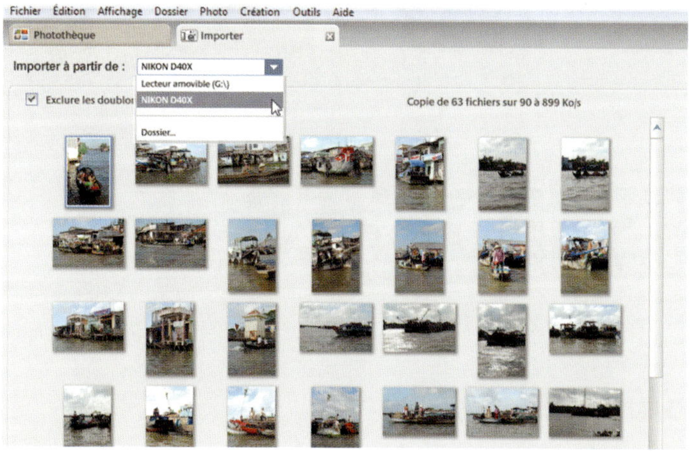

02 OPTIONS D'IMPORT

Cliquez sur le carré bleu orné d'une flèche blanche qui jouxte la rubrique Importer à partir de, en haut à gauche de l'écran. Dans la liste qui s'affiche, vous voyez le nom de votre appareil photo numérique, ou celui de votre carte-mémoire. Cliquez sur celui-ci ; Picasa charge les photos et les dispose sous forme de vignettes dans l'interface Importer. Descendez ensuite dans la partie inférieure de l'écran pour régler les options d'import : choix du dossier de destination et suppression des photos de la carte mémoire.

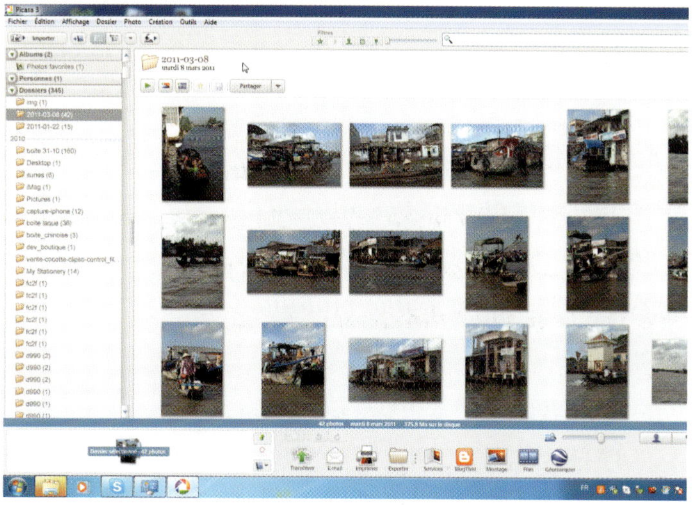

03 CHOIX DU DOSSIER

Par défaut, vos clichés seront copiés dans un sous-dossier du dossier Mes photos. Cliquez sur l'élément situé sous la rubrique Nom du dossier et choisissez Date de prise de vue, puis passez à la rubrique Après copie, et choisissez Ne pas modifier la carte. Vous aurez toujours le loisir de vider votre carte plus tard.
Cliquez ensuite sur le bouton Tout importer, en bas à droite de l'écran : Picasa copie les photos sur l'ordinateur et les affiche dans l'interface principale de l'application. Vous pouvez à présent retirer la carte du lecteur, ou débrancher votre appareil photo.

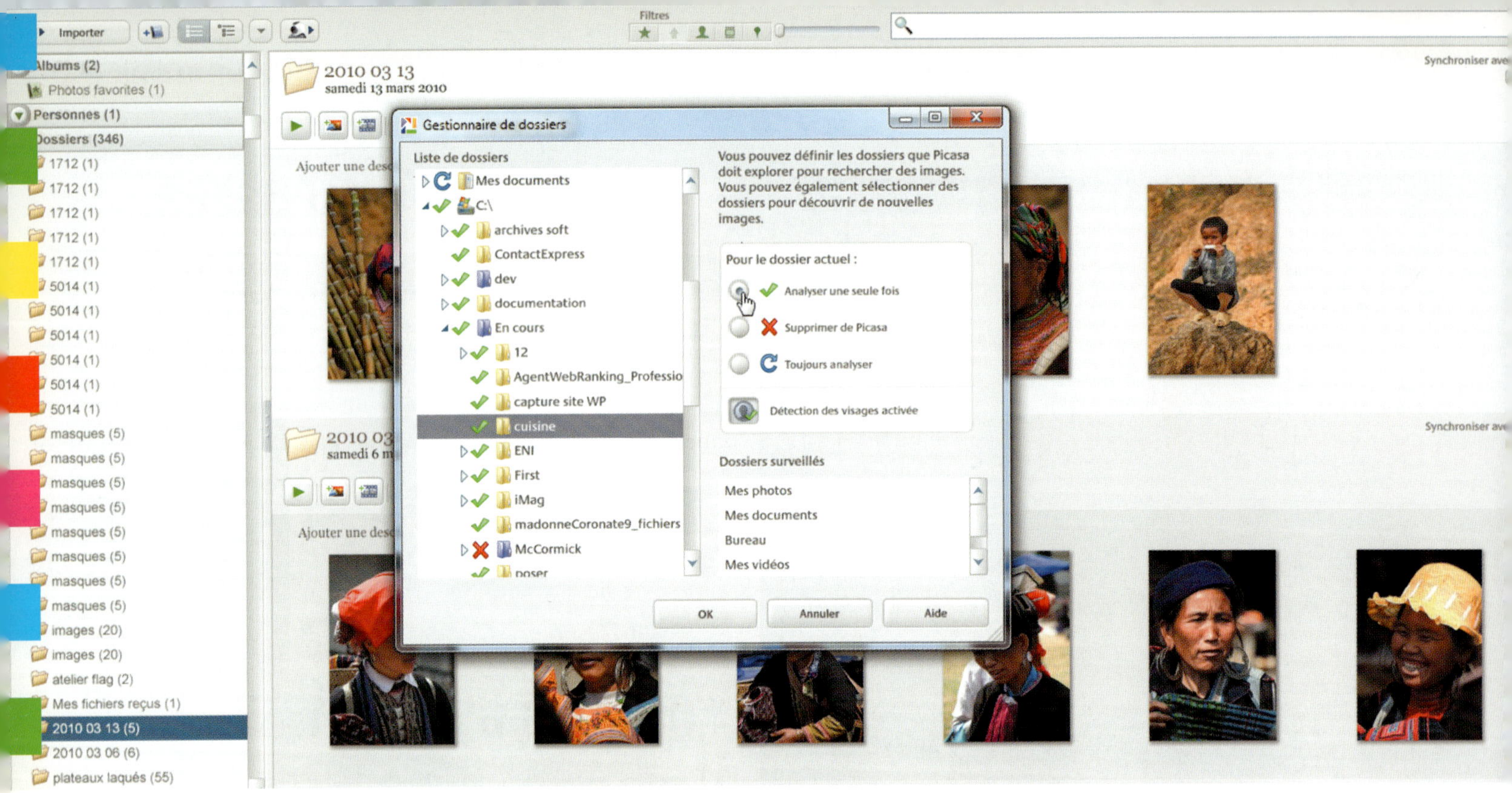

GÉRER LES DOSSIERS INDEXÉS

Grâce à son gestionnaire de dossiers, Picasa vous permet de modifier les paramètres d'indexation définis lors du premier lancement.

EXERCICE 4
DURÉE : 15MIN
Step By Step

Si vous avez installé Picasa avant de lire ce livre, vous n'avez peut-être pas choisi la bonne option d'indexation lors du premier lancement de l'application. Résultat, certains dossiers de photos n'apparaissent pas dans la photothèque, ou à l'inverse, Picasa affiche une multitude de dossiers dont vous n'avez que faire.

Dans un cas comme dans l'autre, ce n'est pas bien grave. En effet, comme vous allez le découvrir dans cet exercice, grâce au Gestionnaire de dossiers, vous allez pouvoir redéfinir précisément quels sont les dossiers que vous souhaitez indexer dans la photothèque, quels sont ceux que vous souhaitez exclure, et quels sont les dossiers qui doivent être surveillés en permanence, de manière à mettre à jour tous les changements en temps réel.

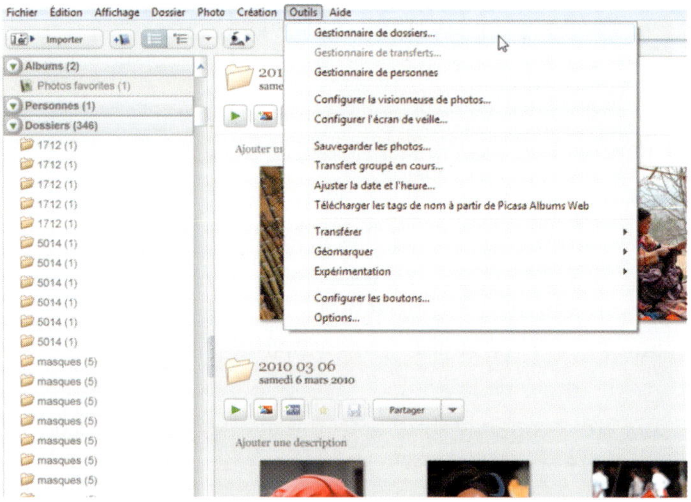

01 LE GESTIONNAIRE DE DOSSIERS

Après avoir démarré Picasa, ouvrez le menu Outils et activez la commande Gestionnaire de dossiers ; Picasa ouvre une boîte de dialogue qui affiche les différents disques et dossiers présent sur votre ordinateur, comme le fait l'Explorateur Windows. Mais à la différence de ce dernier, le Gestionnaire de dossiers n'affiche aucun fichier.

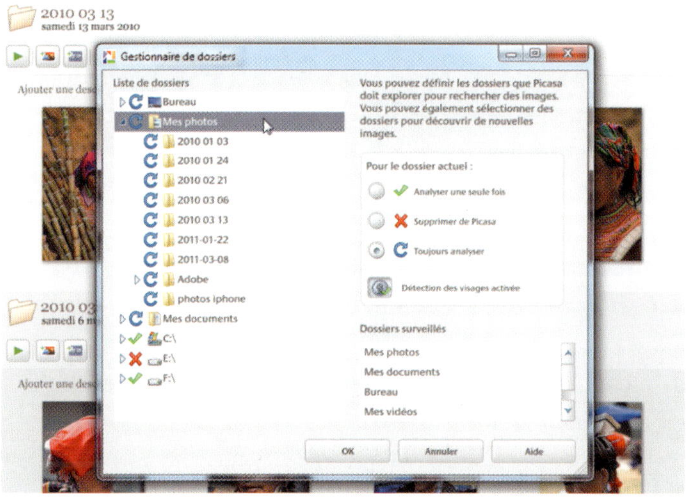

02 STATUT D'UN DOSSIER

Cliquez sur le dossier Mes photos, en haut de la liste ; l'icône est précédée d'une flèche bleue circulaire. Dans la partie droite de la boîte de dialogue, l'option Toujours analyser est cochée, ce qui signifie que le contenu du dossier est analysé à chaque lancement de Picasa. Cliquez ensuite sur le disque C:\, plus bas dans la liste, suivant le réglage choisi lors du premier lancement, le disque est accompagné d'une coche verte ou d'une croix rouge. La première signifie que le contenu du disque a été analysé lors du premier lancement, la seconde que le disque a été ignoré.

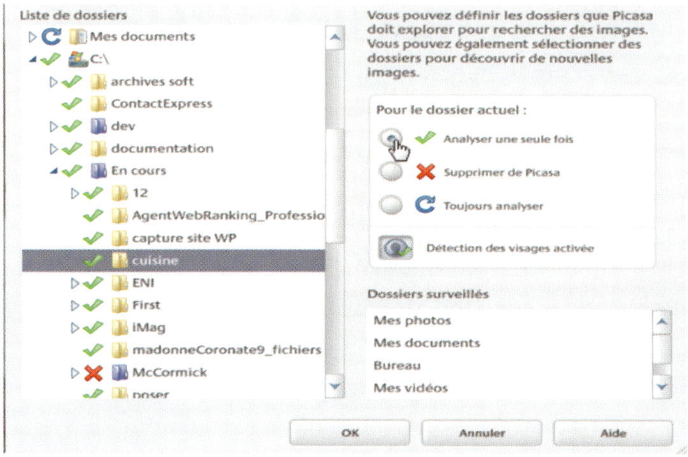

03 AJOUTER UN DOSSIER

Lors du premier lancement de Picasa, vous avez choisi de restreindre la recherche d'images aux dossiers Mes Documents, Mes Images, etc. À présent, vous souhaitez ajouter à la photothèque un dossier de photos présent sur le disque C:\.

Ouvrez le disque C:\ en cliquant sur le triangle qui jouxte son icône ; ouvrez les dossiers et sous-dossiers jusqu'à atteindre le dossier contenant vos photos. Cliquez sur ce dernier, puis cochez l'option Analyser une seule fois dans la partie droite de la boîte de dialogue ; le dossier s'orne d'une coche verte, et son contenu est ajouté à la photothèque.

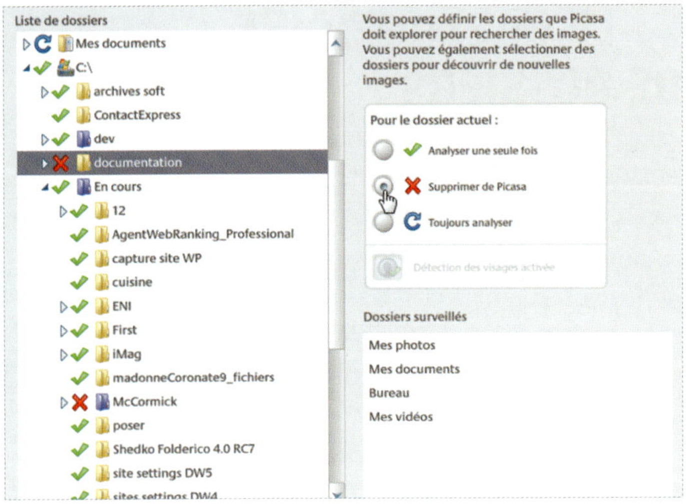

04 SUPPRIMER UN DOSSIER

Lors du premier lancement de Picasa, vous avez choisi d'étendre la recherche d'images à l'ensemble de l'ordinateur. Du coup, Picasa affiche dans la photothèque un grand nombre de dossiers d'images sans intérêt (fonds de page, papiers à lettres, etc.). Pour supprimer un de ces dosssiers, localisez-le dans la fenêtre du Gestionnaire de dossiers. Puis cliquez sur celui-ci et cochez l'option Supprimer de Picasa dans la partie droite de la boîte de dialogue ; le dossier s'orne d'une croix rouge, il sera supprimé de la photothèque après validation de la boîte de dialogue.

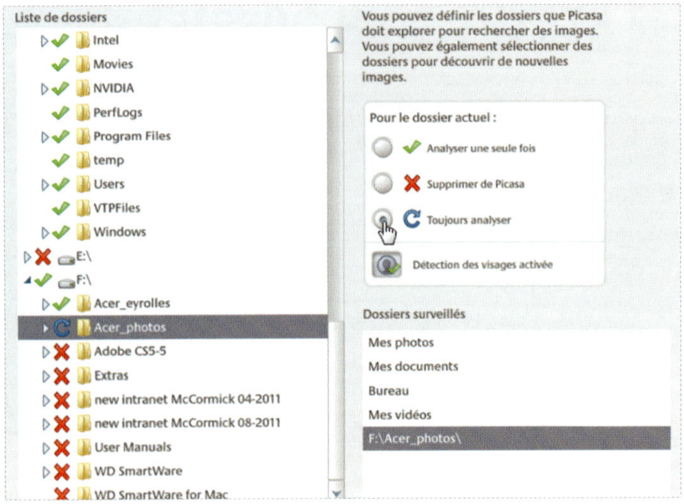

05 ANALYSER UN DOSSIER

Comme vous l'avez vu à l'étape 02, les seuls dossiers qui sont analysés à chaque lancement de Picasa sont les dossiers Mes Documents, Mes Photos et le Bureau.
Si vous utilisez un autre dossier pour ranger vos photos, vous souhaiterez que celui-ci soit mis à jour à chaque démarrage de l'application. Pour ce faire, localisez le dossier dans la fenêtre du Gestionnaire de dossiers, cliquez sur son icône, puis cochez l'option Toujours analyser dans la partie droite de la boîte de dialogue. Validez le nouveau réglage en refermant la boîte de dialogue à l'aide du bouton OK.

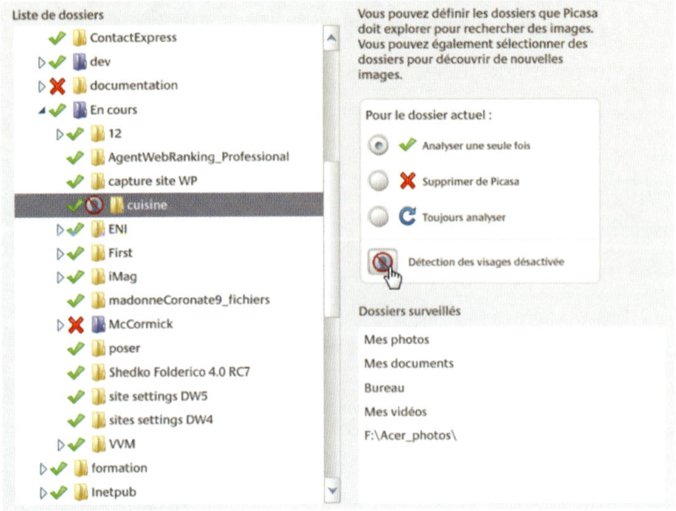

06 DÉTECTION DES VISAGES

Picasa intègre une fonction de détection de visages (voir exercice 07) qui par défaut est activée pour l'ensemble des dossiers. Du coup, l'application traque le moindre visage, même dans les photos de foules où ne figurent aucune de vos connaissances. Heureusement, le Gestionnaire de dossiers vous permet de désactiver cette fonction de détection pour certains dossiers que vous savez ne contenir aucun visage connu : sélectionnez le dossier en question, puis cliquez sur l'icône Détection des visages activée, dans la partie droite de la boîte de dialogue. L'icône de détection de visages barrée s'affiche alors en regard du dossier.

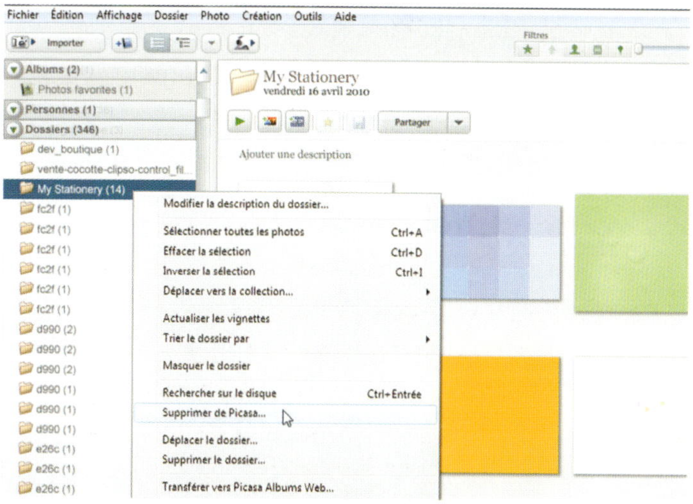

07 SUPPRIMER UN DOSSIER DEPUIS LA LISTE

Comme vous l'avez vu à l'étape 04, le Gestionnaire de dossiers permet d'exclure des dossiers de la photothèque de Picasa. Toutefois, cette méthode ne permet pas de visualiser le contenu du dossier à supprimer. Pour plus de confort, vous pouvez effectuer cette opération en travaillant à partir de la liste des dossiers dans l'interface principale : commencez par afficher le contenu du dossier que vous souhaitez supprimer en cliquant sur son icône.

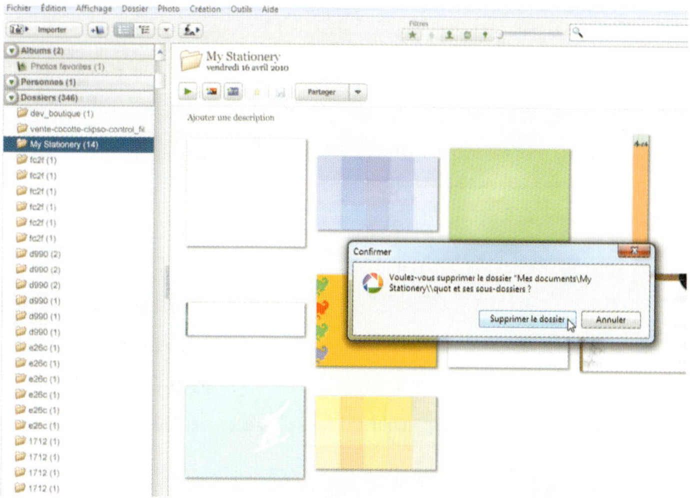

08 CONFIRMER LA SUPRESSION

Cliquez droit sur l'icône du dossier à supprimer et choisissez Supprimer de Picasa dans le menu contextuel qui s'affiche. L'application affiche alors une boîte de dialogue de confirmation. Validez-la à l'aide du bouton Supprimer le dossier ; le dossier est supprimé de la photothèque, mais son contenu n'est pas supprimé de votre ordinateur. Vous pourrez donc à tout moment le réintégrer dans la photothèque, en passant par le Gestionnaire de dossiers (voir étape 03).

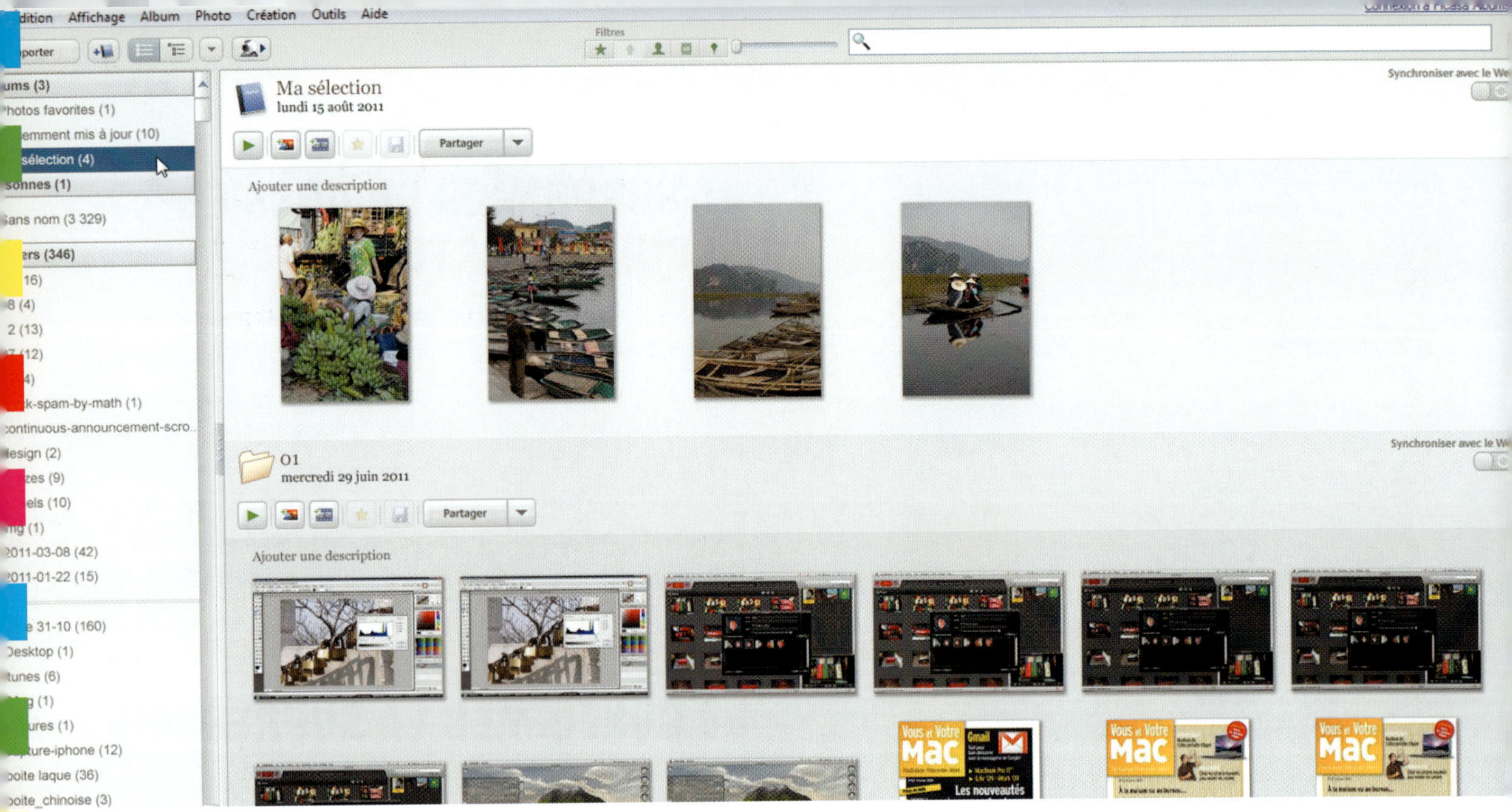

CLASSER VOS PHOTOS

Avec sa fonction Album, Picasa permet de regrouper une sélection de clichés sans les déplacer de leurs dossiers respectifs.

EXERCICE 5
DURÉE : 30MIN
Step By Step

Vous avez commencé à exploiter Picasa et vous profitez de votre photothèque en parcourant vos différents dossiers de photos. À présent, vous aimeriez rassembler vos meilleurs clichés dans un dossier particulier, de manière à pouvoir les présenter plus facilement, mais vous savez que si vous déplacez des clichés, vous perdrez votre classement initial.

Grâce à la fonction Album de Picasa, vous allez pouvoir faire cette manipulation en toute quiétude. En effet, comme vous allez le découvrir dans cet exercice, Picasa ne déplace pas les clichés sélectionnés mais les regroupe dans un dossier virtuel, que vous manipulerez comme un dossier ordinaire. Avantage du procédé : vous pourrez inclure une même photo dans différents albums, sans devoir la dupliquer.

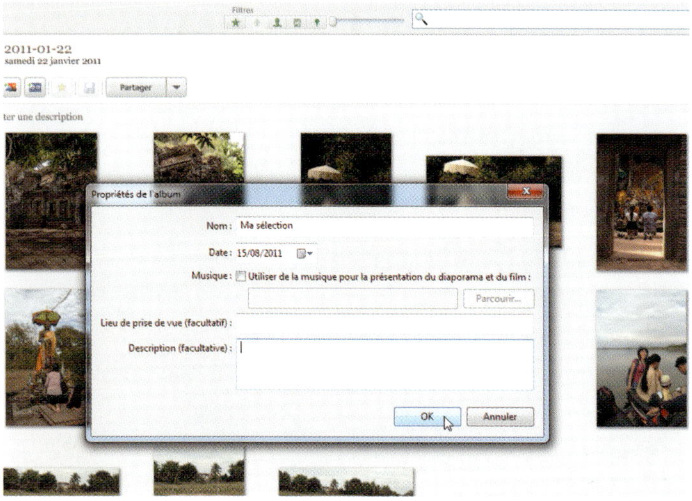

01 CRÉER UN NOUVEL ALBUM

Après avoir lancé Picasa, cliquez sur le bouton Créer un nouveau album, situé à droite du bouton Importer dans l'angle supérieur gauche de la fenêtre : l'application ouvre la boîte de dialogue Propriétés de l'album. Dans le champ Nom, saisissez le nom de l'album, puis renseignez les champs Lieu de prise de vue et Description. Si vous n'avez aucune information spécifique à entrer dans ces champs, laissez-les vides. Cliquez sur le bouton OK pour refermer la boîte de dialogue et valider la création de l'album.

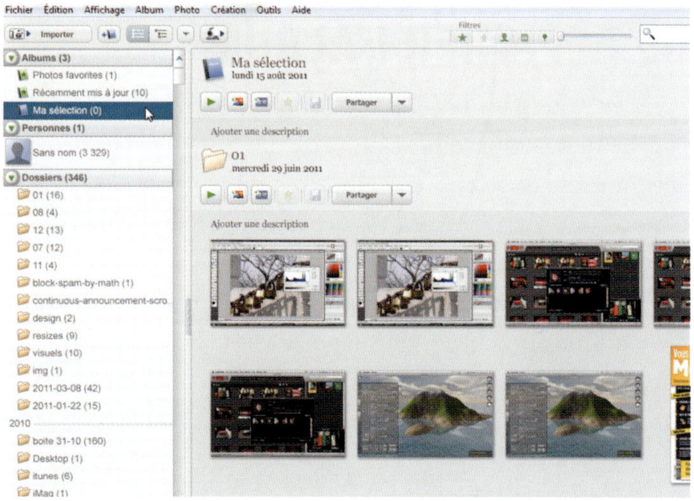

02 REMPLIR L'ALBUM

Après validation, le nouvel album est créé, son nom apparaît dans la section Albums, au-dessus de la liste des dossiers, dans la partie gauche de l'écran. Cliquez sur son icône, il s'affiche dans le panneau principal mais il est vide. Ce qui est normal puisque vous n'y avez encore ajouté aucune photo. Votre première tâche va donc être de peupler l'album en sélectionnant les clichés de votre choix.

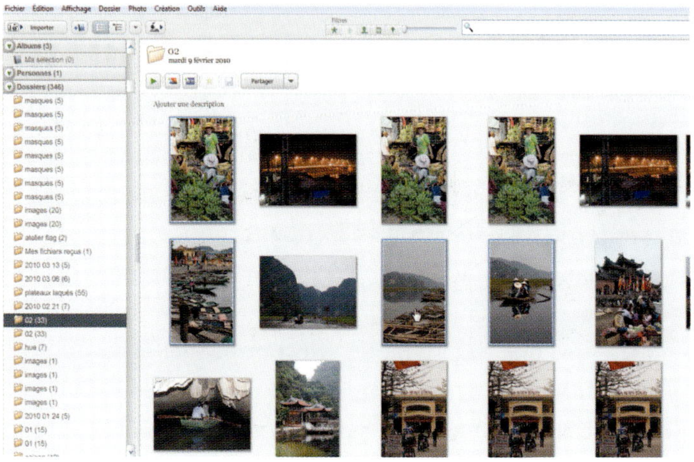

03 SÉLECTIONNER DES PHOTOS

Ouvrez un premier dossier contenant des photos que vous souhaitez ajouter à l'album ; son contenu s'affiche dans le panneau principal de l'application. Sélectionnez un premier cliché en cliquant sur sa vignette, puis pressez la touche Ctrl, et cliquez sur les autres vignettes que vous souhaitez sélectionner. Une fois la sélection terminée, relâchez la touche Ctrl. Si vous souhaitez sélectionner une série de photos contiguës, cliquez sur la première vignette, puis enfoncez la touche Maj et cliquez sur la dernière vignette de la série.

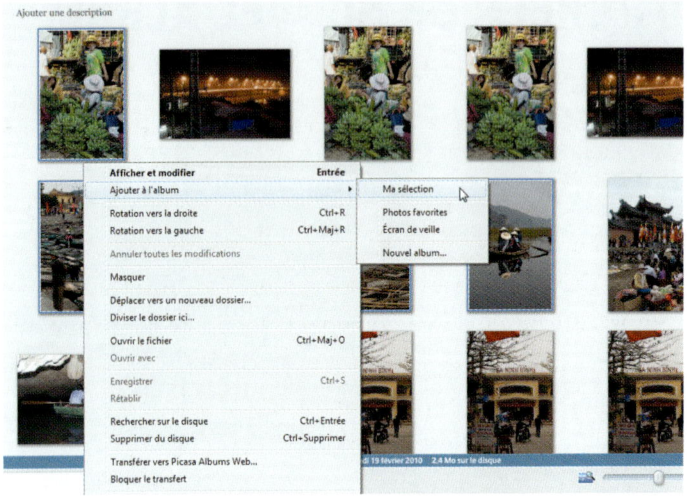

04 AJOUTER À L'ALBUM

Une fois la sélection terminée, cliquez droit sur l'une des vignettes sélectionnées, puis choisissez la commande Ajouter à l'album dans le menu contextuel qui apparaît.

Un sous-menu s'affiche alors, listant les albums existants. Cliquez sur le nom de l'album que vous venez de créer ; les photos sont ajoutées à l'album.

Notez qu'au niveau du dossier dans lequel vous avez choisi vos photos, rien n'a changé.

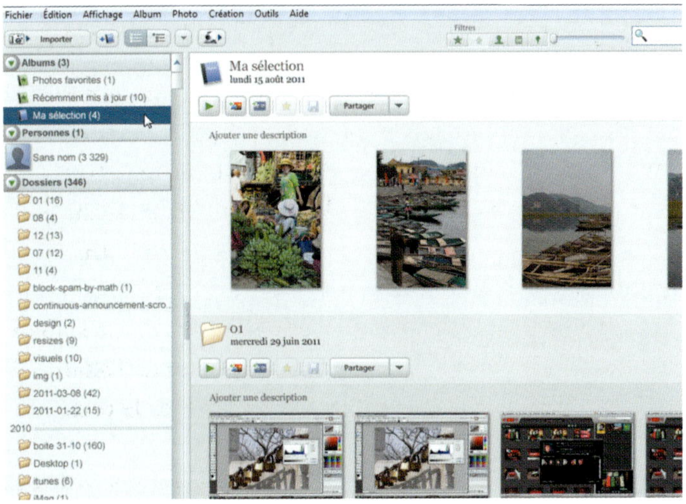

05 AFFICHER L'ALBUM

Rendez-vous dans la rubrique Albums, dans la partie gauche de l'écran ; le nom de votre album y figure, accompagné du nombre de photos qu'il contient. Cliquez sur son icône pour afficher son contenu dans le panneau principal de l'application. Picasa affiche un jeu de vignettes, tout comme pour un dossier ordinaire. Sélectionnez un cliché, puis tapez sur la touche Retour ; la photo s'affiche en grand format. Tapez à nouveau sur la touche Retour pour revenir à l'interface principale.

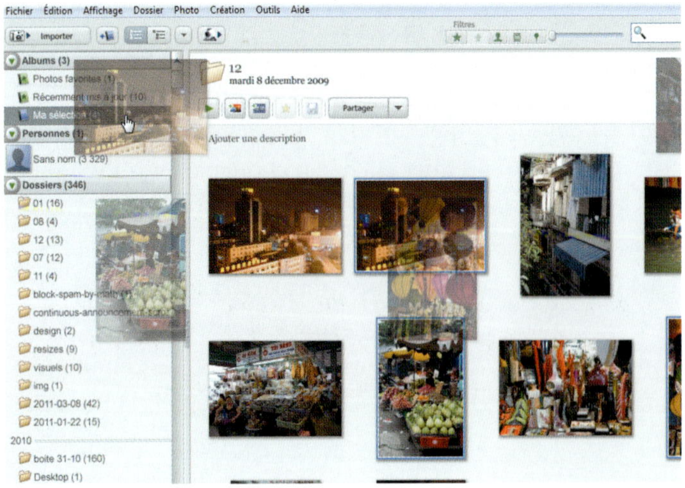

06 AJOUTER D'AUTRES PHOTOS

Pour compléter votre album avec d'autres clichés, cliquez sur le dossier de votre choix dans la partie gauche de l'écran puis sélectionnez les clichés comme vous l'avez fait à l'étape 04. Une fois la sélection terminée, activez la commande Ajouter à l'album du menu contextuel.

Vous pouvez également procéder de la manière suivante : cliquez sur l'une des vignettes sélectionnées et faites-la glisser sur l'icône de l'album, dans la partie gauche de l'écran. Lorsque le nom de l'album s'affiche en sélection, relâchez le bouton de la souris : tous les clichés sélectionnés sont ajoutés à l'album.

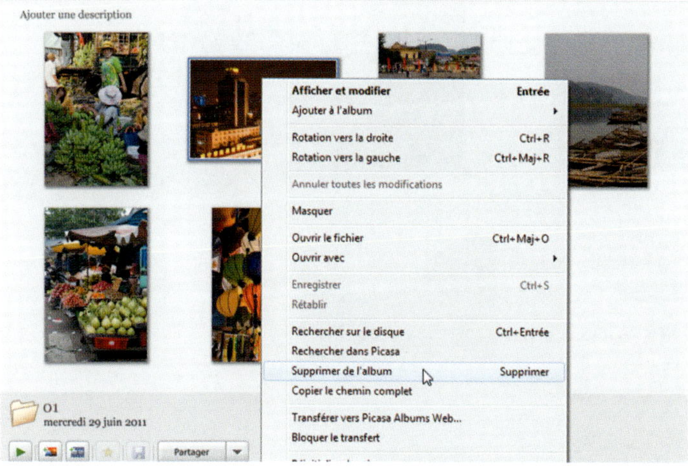

07 SUPPRIMER UNE PHOTO DE L'ALBUM

Réaffichez le contenu de l'album en cliquant sur son icône dans la partie gauche de l'écran. Puis faites un clic droit sur la vignette de la photo que vous souhaitez supprimer de l'album. Dans le menu contextuel qui apparaît, choisissez la commande Supprimer de l'album ; Picasa affiche alors une boîte de dialogue de confirmation. Cliquez sur le bouton Supprimer l'image : le cliché est supprimé de l'album, mais il est toujours présent dans son dossier d'origine.

08 MODIFIER LES PROPRIÉTÉS DE L'ALBUM

Lors de la création de l'album à l'étape 01, vous n'avez saisi que le minimum d'informations, à savoir le titre de l'album. Maintenant que votre album est rempli, vous souhaitez y ajouter une description. Dans la partie gauche de l'écran, cliquez sur le nom de votre album, puis ouvrez le menu Album dans la partie supérieure de la fenêtre. Activez la commande Description de l'album ; Picasa affiche la boîte de dialogue Propriétés de l'album. Cliquez dans le champ Description et saisissez le texte de votre choix.

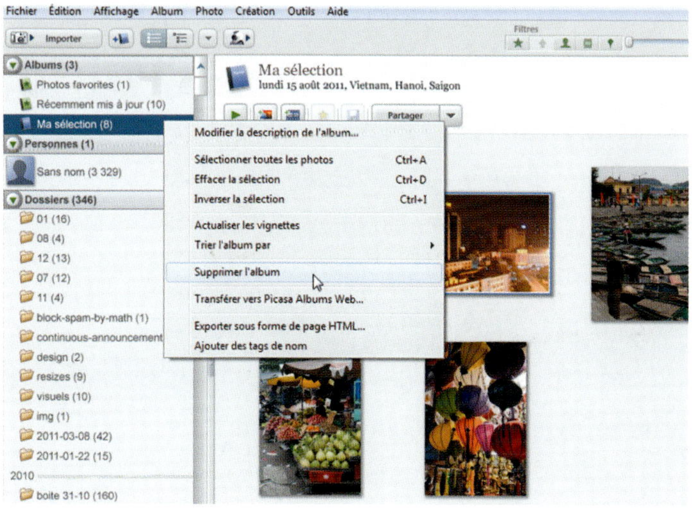

09 SUPPRIMER UN ALBUM

Dans la partie gauche de l'écran, cliquez droit sur le nom de l'album que vous souhaitez supprimer, puis choisissez la commande Supprimer l'album, dans le menu contextuel qui apparaît. Picasa ouvre alors une boîte de dialogue de confirmation. Si vous êtes certain de vouloir supprimer l'album, cliquez sur le bouton Supprimer l'album. Le nom de l'album disparaît de la liste de la rubrique Albums, mais bien sûr aucune photo n'est supprimée ni de la photothèque, ni de votre ordinateur.

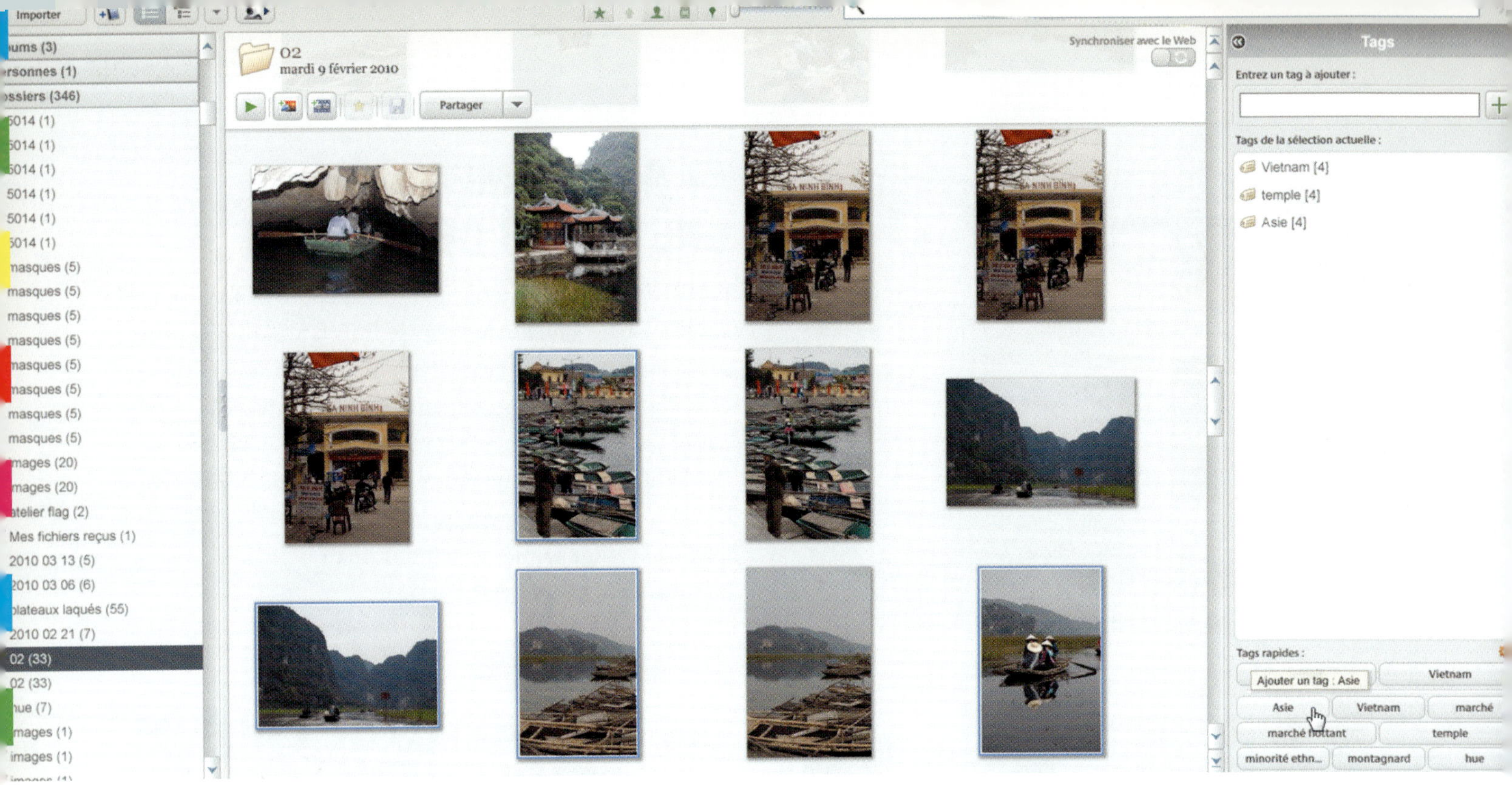

TAGGER VOS PHOTOS

Pour retrouver facilement vos clichés dans Picasa, vous aurez tout intérêt à les tagger dès leur ajout dans la photothèque.

EXERCICE 6
DURÉE : 30MIN
Step By Step

Comment retrouver simplement dans votre photothèque toutes les photos de coucher de soleil que vous avez faites l'été dernier ? En effectuant une recherche à l'aide de mots-clés, bien sûr ! Mais nous reviendrons sur un autre aspect de la fonction de recherche dans l'exercice 10.
Au préalable, vous devrez toutefois avoir taggé vos clichés ; c'est ce que nous allons voir dans les pages qui suivent. En pratique, il s'agit de définir un ensemble de mots-clés (vacances, famille, montagne, Auvergne, etc.) et de les associer aux différentes images présentes dans votre photothèque. Comme vous le constaterez, le taggage est une opération entièrement manuelle, certes un peu laborieuse, mais qui devient indispensable si vous souhaitez exploiter le plus efficacement possible votre collection de photographies personnelles.

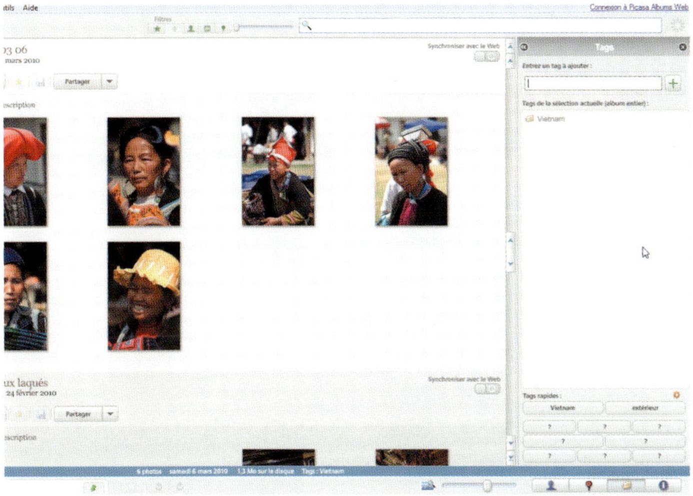

01 LE PANNEAU TAGS

Après avoir démarré Picasa, sélectionnez un dossier de photos dans la partie gauche de la fenêtre, puis affichez le panneau Tags en cliquant sur son bouton, situé en bas à droite de la barre d'icônes (voir exercice 2). Comme vous n'avez encore défini aucun tag pour le contenu du dossier sélectionné, le panneau est vide. Vous allez donc définir un ou plusieurs mots-clés pour l'ensemble du dossier ou pour une sélection de photos.

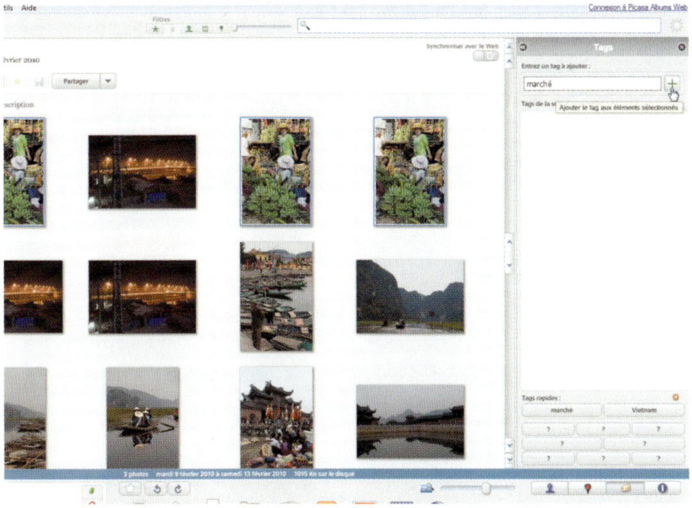

02 TAGGER UNE SÉLECTION DE PHOTOS

Pressez la touche Ctrl et cliquez sur les vignettes des clichés que vous souhaitez tagger. Si vous avez sélectionné un cliché par erreur, cliquez à nouveau sur sa vignette avec la touche Ctrl enfoncée. Rendez-vous ensuite dans le panneau Tags, et entrez un premier tag dans le champ de saisie situé en haut de celui-ci. Cliquez sur le bouton + situé à droite du champ de saisie, ou bien tapez sur la touche Retour pour valider le mot-clé ; ce dernier s'affiche dans le panneau, avec entre parenthèses le nombre de photos marquées.

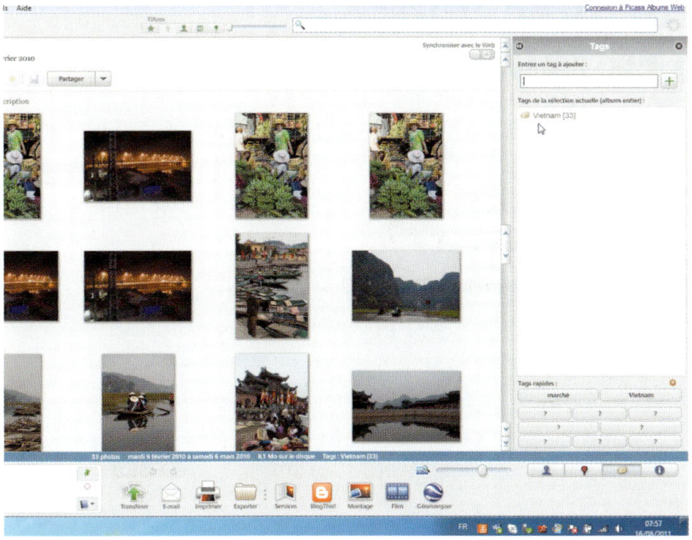

03 TAGGER L'ENSEMBLE D'UN DOSSIER

Si vous souhaitez tagger l'ensemble des clichés contenus dans un dossier, sélectionnez simplement le dossier en cliquant sur son nom dans la liste située à gauche de l'écran. Rendez-vous ensuite dans le panneau Tags, et entrez un tag dans le champ de saisie situé en haut de celui-ci. Cliquez sur le bouton + situé à droite du champ de saisie, ou bien tapez sur la touche Retour pour valider le mot-clé ; ce dernier s'affiche dans le panneau, avec entre parenthèses le nombre de photos marquées.

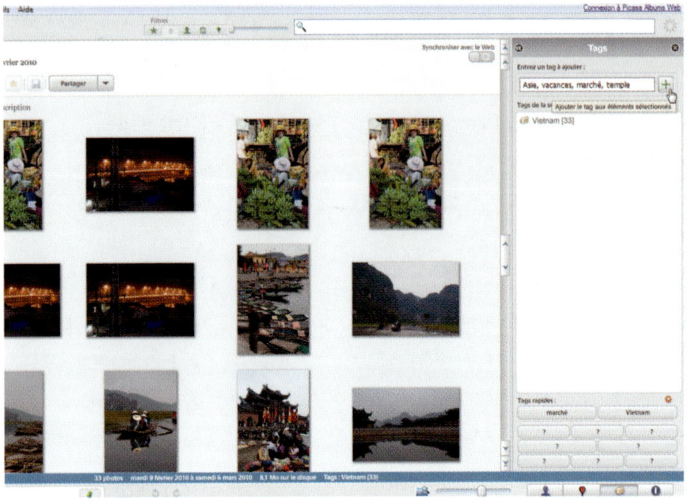

04 AJOUT DE MOTS-CLÉS MULTIPLES

Si vous utilisez un nombre de mots-clés réduit, vous pouvez les saisir un par un en exploitant la mise en œuvre des étapes 02 et 03. En revanche, si vous utilisez plus de dix mots-clés, mieux vaudra adopter la technique suivante : dans votre traitement de texte, préparez une ou plusieurs listes de mots-clés séparés par des virgules; copiez la liste et collez-la dans le champ de saisie du panneau Tags. Validez avec la touche Retour : le panneau affiche la liste des mots-clés, traités comme autant de tags individuels.

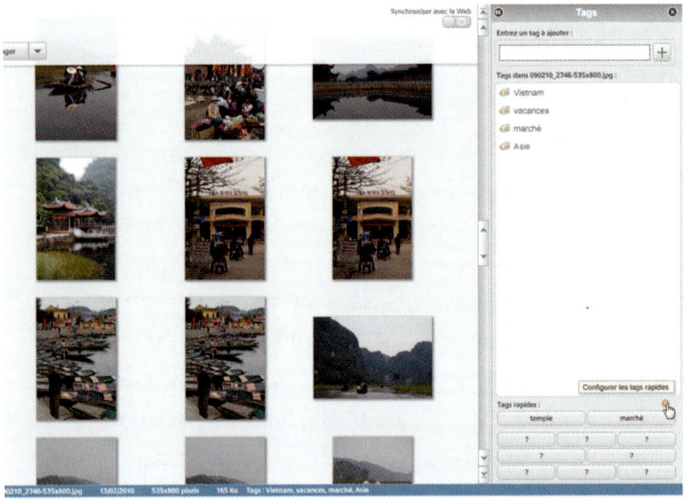

05 TAGS RAPIDES

Si vous n'êtes pas très à l'aise pour jongler entre deux applications, vous utiliserez la fonction Tags rapides, que Picasa propose dans la partie inférieure de son panneau Tags. Grâce à cette fonction, vous pourrez mémoriser une douzaine de tags et les appliquer d'un seul clic à une sélection de clichés, puis répéter l'opération dans un autre dossier sans avoir à ressaisir l'ensemble de ces mots-clés. Pour commencer, vous allez paramétrer les tags rapides : cliquez sur l'icône en forme d'engrenage située en bas à droite du panneau Tags.

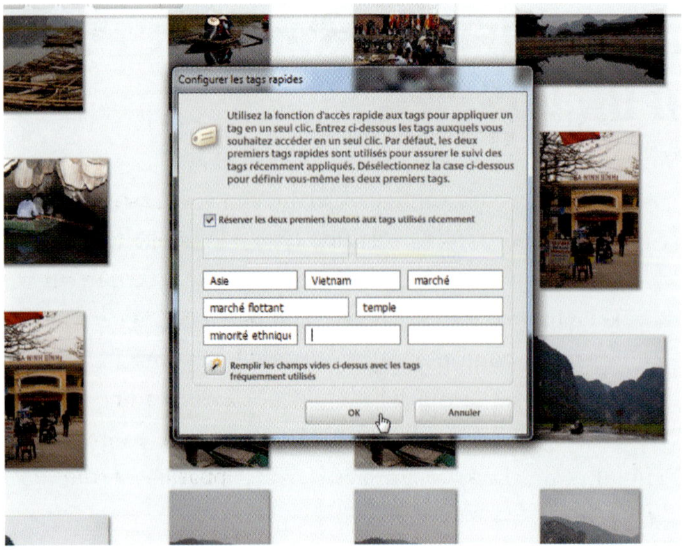

06 CONFIGURER LES TAGS RAPIDES

Picasa affiche la boîte de dialogue Configurer les tags rapides. Cliquez dans le premier champ de saisie et entrez l'un des mots-clés que vous souhaitez utiliser dans plusieurs dossiers.

Passez au second champ et répétez l'opération, puis complétez de la même manière les champs suivants. Refermez la boîte de dialogue en cliquant sur le bouton OK; le panneau Tags affiche dans sa partie inférieure les différents mots-clés que vous avez définis; ces mots-clés resteront visibles quel que soit le dossier sélectionné.

07 RÉCUPÉRER DES TAGS

Si vous avez déjà taggé quelques clichés à l'intérieur d'un dossier, ou bien importé des photos qui ont été taggées dans une autre application, vous pourrez peut-être récupérer automatiquement ces mots-clés dans la boîte de dialogue Configurer les tags rapides : cliquez sur l'icône de baguette magique située en bas à gauche de la boîte de dialogue ; Picasa analyse les informations associées aux différents clichés et récupère les données qui lui semblent pertinentes.
À vous ensuite de faire le tri parmi ces tags et de supprimer ceux dont vous n'avez pas l'utilité.

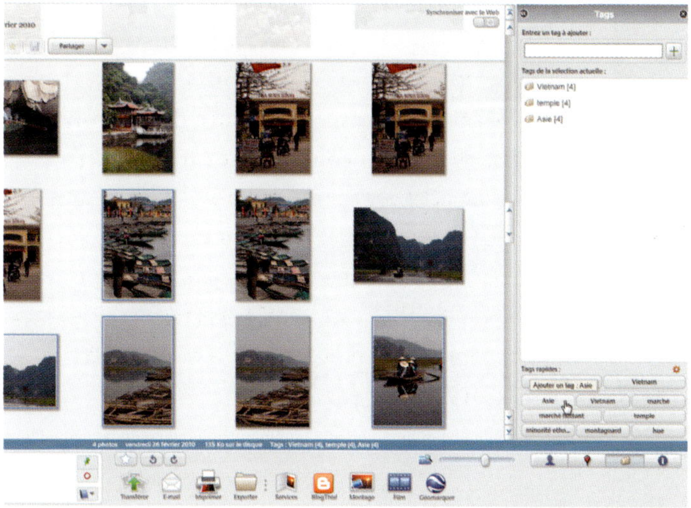

08 EXPLOITER LES TAGS RAPIDES

Dans la partie gauche de l'écran, sélectionnez un dossier contenant des photos à tagger, puis rendez-vous dans le panneau Tags. Dans la partie inférieure du panneau, cliquez sur les tags que vous souhaitez ajouter aux clichés (si aucune vignette n'est sélectionnée, les tags seront appliqués à l'ensemble du dossier). Sélectionnez ensuite un autre dossier de photos, et répétez l'opération de taggage. Si vous souhaitez modifier le jeu de tags mémorisés comme tags rapides, cliquez sur l'icône d'engrenage.

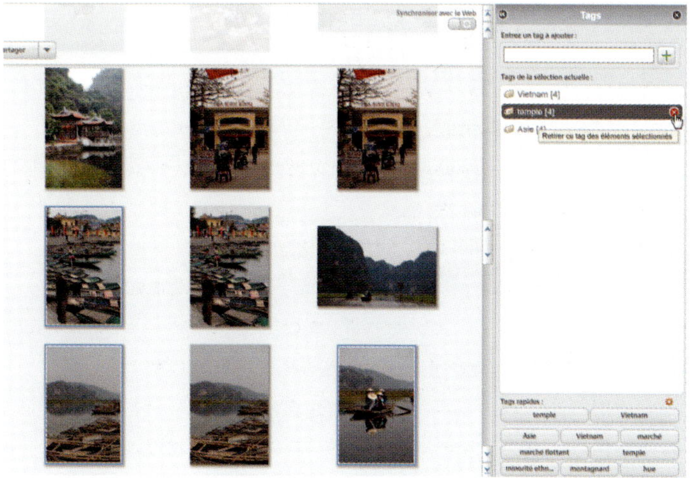

09 SUPPRIMER UN TAG D'UNE PHOTO

À force de jongler avec les tags, il vous arrivera sans doute de faire quelques erreurs d'étiquettage que vous ne remarquerez que plus tard, lors d'une recherche basée sur des mots-clés. Il vous faudra alors supprimer le tag erroné. Pour ce faire, sélectionnez la vignette de la photo et affichez le panneau Tags. Ce dernier affiche alors la liste des mots-clés associés au cliché. Survolez le tag à supprimer et cliquez sur la case de suppression qui apparaît à droite de son nom. C'est très simple.

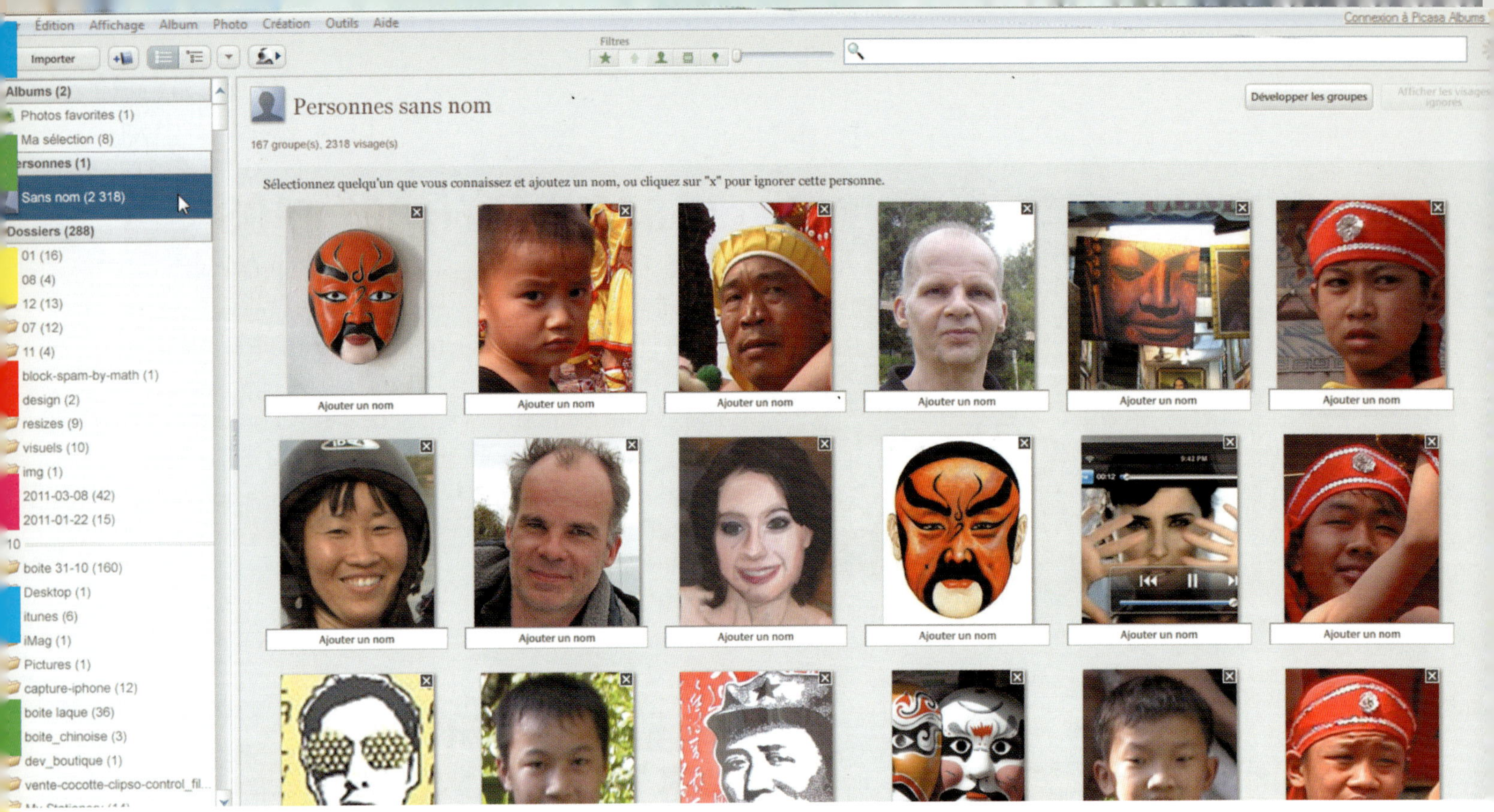

RECONNAISSANCE DE VISAGES

Grâce à sa fonction de reconnaissance de visages, Picasa permet de retrouver facilement tous les clichés d'une personne donnée.

EXERCICE 7
DURÉE : 30MIN
Step By Step

Lors du premier lancement de Picasa, nous avons vu que l'application procédait à l'indexation de tous les clichés présents dans certains dossiers de votre ordinateur, puis analysait les photos trouvées pour y déceler des visages. À présent, le résultat de cette collecte automatique est stocké dans la rubrique Personnes, en haut de la liste des dossiers, dans le plus grand désordre apparent.
Comme vous allez le découvrir dans cet exercice, pour exploiter au mieux cette fonction de reconnaissance de visages, il faudra faire le tri, en supprimant les visages inconnus, puis identifier les visages que vous connaissez. Une fois ces opérations terminées, vous disposerez d'un nouveau mode de tri qui viendra s'ajouter au tri par tags, ou au géotaggage dont nous parlerons dans les exercices suivants.

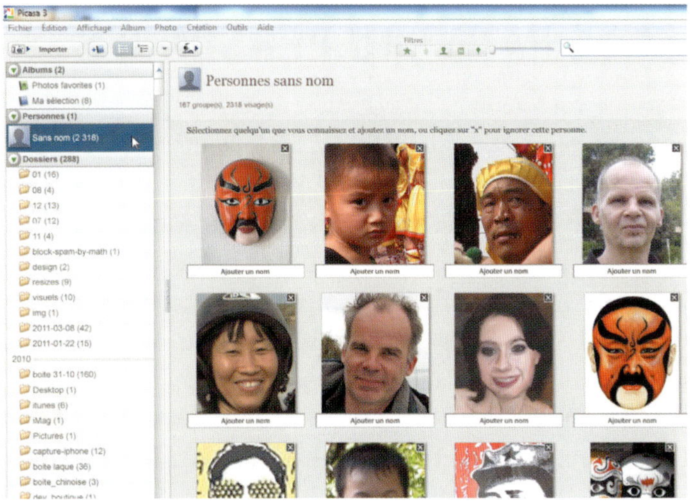

01 AFFICHER LES PERSONNES

Après avoir démarré Picasa, rendez-vous dans le panneau latéral, à gauche de l'écran et cliquez sur la flèche noire qui jouxte la rubrique Personnes.
Si vous n'avez encore procédé à aucun tri de visages, la rubrique Personnes affiche un dossier Sans nom, accompagné du nombre de clichés qu'il contient. Cliquez sur ce dossier pour afficher son contenu dans le panneau principal. Picasa affiche alors une collection de vignettes, dotées chacunes d'un champ de saisie et d'une case de fermeture.

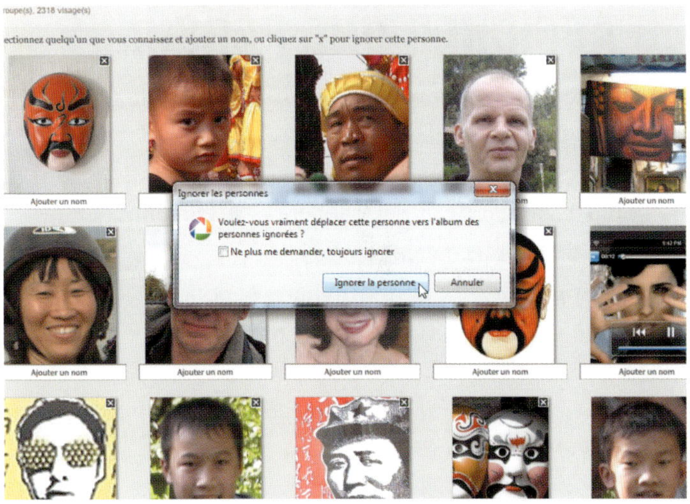

02 SUPPRIMER LES VISAGES INCONNUS

Comme vous le constaterez, la fonction de reconnaissance de visages de Picasa ratisse large, et nombre de visages ne sont en fait que des personnages accessoires qui se trouvaient dans le champ lorsque vous avez pris le cliché, mais qui sont de parfaits inconnus.
Pour supprimer un visage inconnu, cliquez sur la case de fermeture située en haut à droite de sa vignette ; une boîte de dialogue apparaît vous demandant de confirmer la suppression. Cliquez sur le bouton Ignorer la personne.

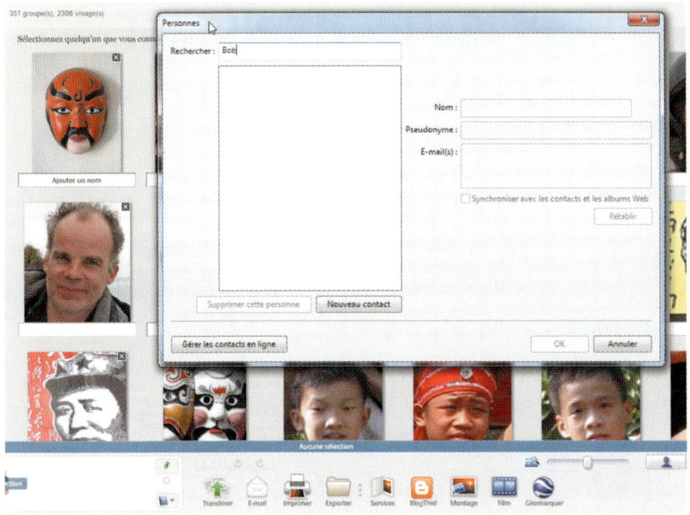

03 IDENTIFIER UN VISAGE

Procédez de la même façon pour supprimer les autres visages inconnus. Une fois cette sélection faite, il ne vous reste plus que des visages connus que vous allez pouvoir identifier un par un.
Cliquez dans le champ Ajouter un nom, situé en dessous du premier visage que vous souhaitez identifier, puis saisissez le nom de la personne et tapez sur la touche Retour.
Picasa ouvre la boîte de dialogue Personnes dans laquelle vous allez créer un contact associé à cette personne, ou créer un nouveau contact.

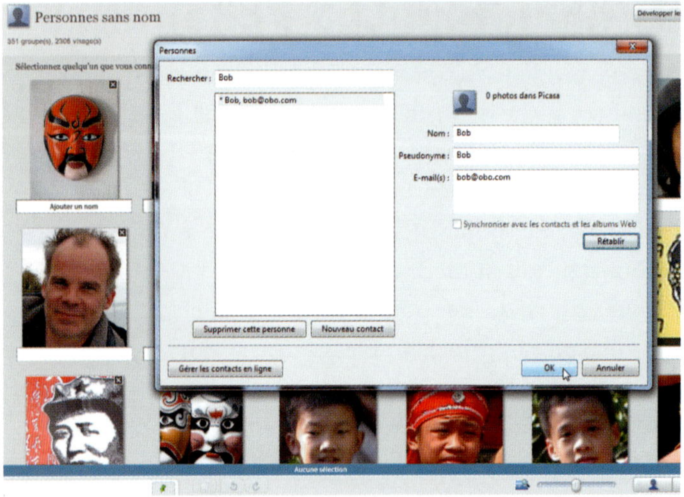

04 LE PANNEAU PERSONNES

Lorsque vous débutez avec Picasa, votre liste de contacts est encore vide. Cliquez sur le bouton Nouveau contact, situé dans la partie inférieure de la boîte de dialogue, pour créer un nouveau contact associé au visage sélectionné. Dans la partie droite de la boîte de dialogue, les champs Nom, Pseudonyme et E-mails deviennent alors accessibles. Modifiez le contenu des deux premiers champs, si besoin, puis ajoutez l'adresse e-mail de la personne (cette information n'est pas obligatoire, mais elle vous permettra de partager plus facilement vos clichés par la suite).

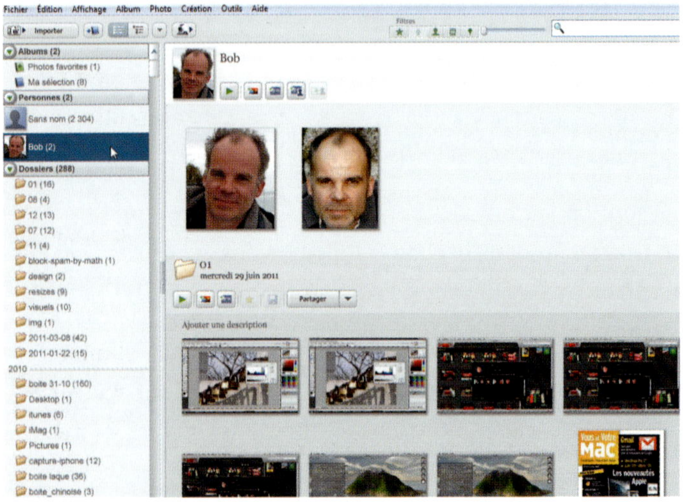

05 AFFICHER UNE PERSONNE

Une fois les informations complétées, cliquez sur le bouton OK pour refermer la boîte de dialogue ; Picasa crée un nouveau dossier portant le nom du contact, qui apparaît dans la rubrique Personnes, à gauche de l'écran.

Cliquez sur ce dossier pour afficher son contenu dans l'interface principale. Il s'agit du résultat d'une première détection automatique, mais il se peut que vous trouviez d'autres clichés de la même personne en poursuivant votre travail d'identification.

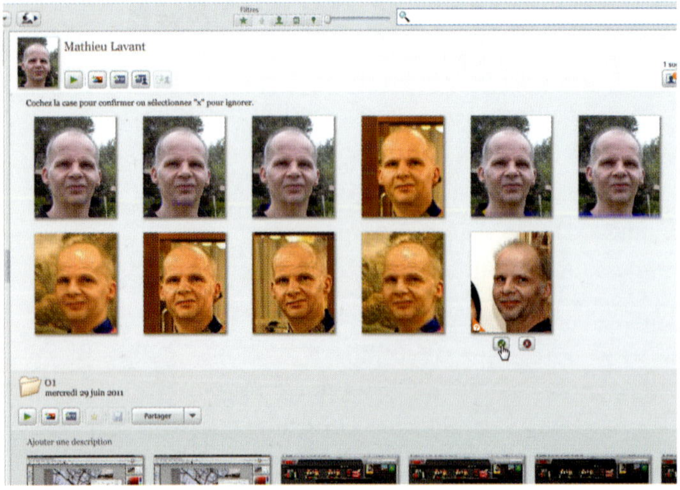

06 CONFIRMER UN VISAGE

La fonction de reconnaissance de visages de Picasa est en général assez performante, mais il arrive parfois qu'elle soit incapable d'identifier formellement une personne. Dans ce cas, Picasa affiche le visage non confirmé dans le dossier de la personne, accompagné de deux boutons : un bouton vert de confirmation et un bouton rouge d'exclusion.

Pour confirmer l'identification proposée par Picasa, cliquez sur le bouton vert. Dans le cas contraire, cliquez sur le bouton rouge ; le visage rejeté est alors remis dans le dossier Personnes sans nom.

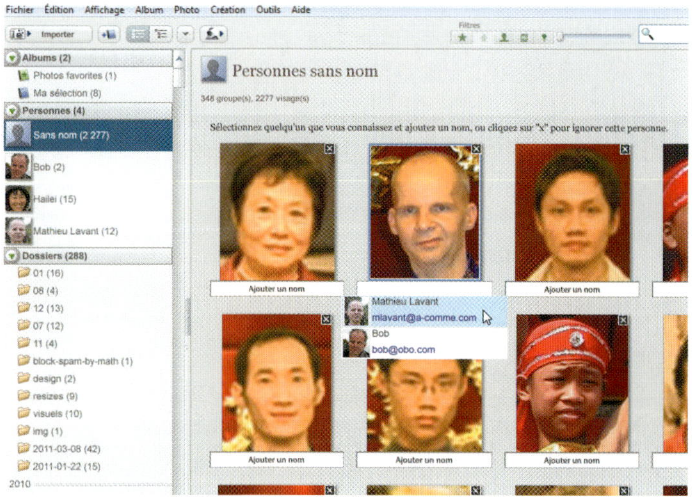

07 METTRE UN VISAGE À UN NOM PRÉDÉFINI

Il arrive aussi parfois que Picasa ne reconnaisse pas un visage appartenant à une personne déjà identifiée. Le cliché reste alors dans le dossier Sans nom, jusqu'à ce que vous lui attribuiez un nom. Pour ce faire, cliquez sur le champ Ajouter un nom, situé en dessous de la vignette ; Picasa affiche alors une liste de personnes déjà identifiées. Cliquez sur le nom de la personne qui convient, le cliché est ajouté à son dossier.

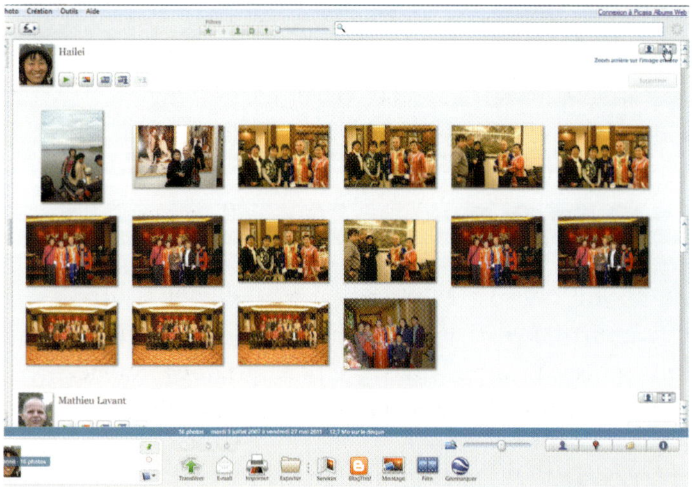

08 DES CLICHÉS ENTIERS

Une fois l'identification des visages terminée, vous pouvez parcourir les dossiers de photos associés aux différentes personnes. Mais comme vous l'aurez remarqué, ces dossiers n'affichent que des vignettes centrées sur les visages. Pour voir un cliché entier, vous pouvez bien sûr l'afficher en grand format à l'aide de la touche Retour, mais vous pouvez aussi changer le mode d'affichage au niveau du dossier : dans l'angle supérieur droit de la fenêtre, cliquez sur l'icône Zoom arrière sur l'image entière. Pour revenir à l'affichage en mode vignette, cliquez sur l'icône Zoomer sur le visage, qui jouxte celle du zoom arrière.

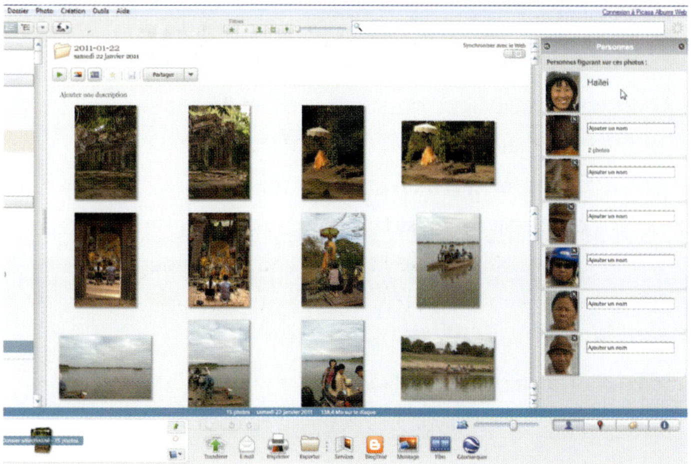

09 AFFICHER LES VISAGES D'UN DOSSIER

Enfin, grâce à la reconnaissance de visages, vous pouvez voir d'un coup d'œil les personnes présentes dans un dossier de photos : sélectionnez un dossier dans le panneau à gauche de l'écran, puis affichez le panneau Personnes en cliquant sur son icône, en bas à droite de la barre d'icônes. Dans la partie droite de l'écran s'affiche un panneau listant les personnes qui figurent sur les différents clichés. Si vous cliquez sur un visage, vous réduisez la sélection aux seuls clichés contenant cette personne.

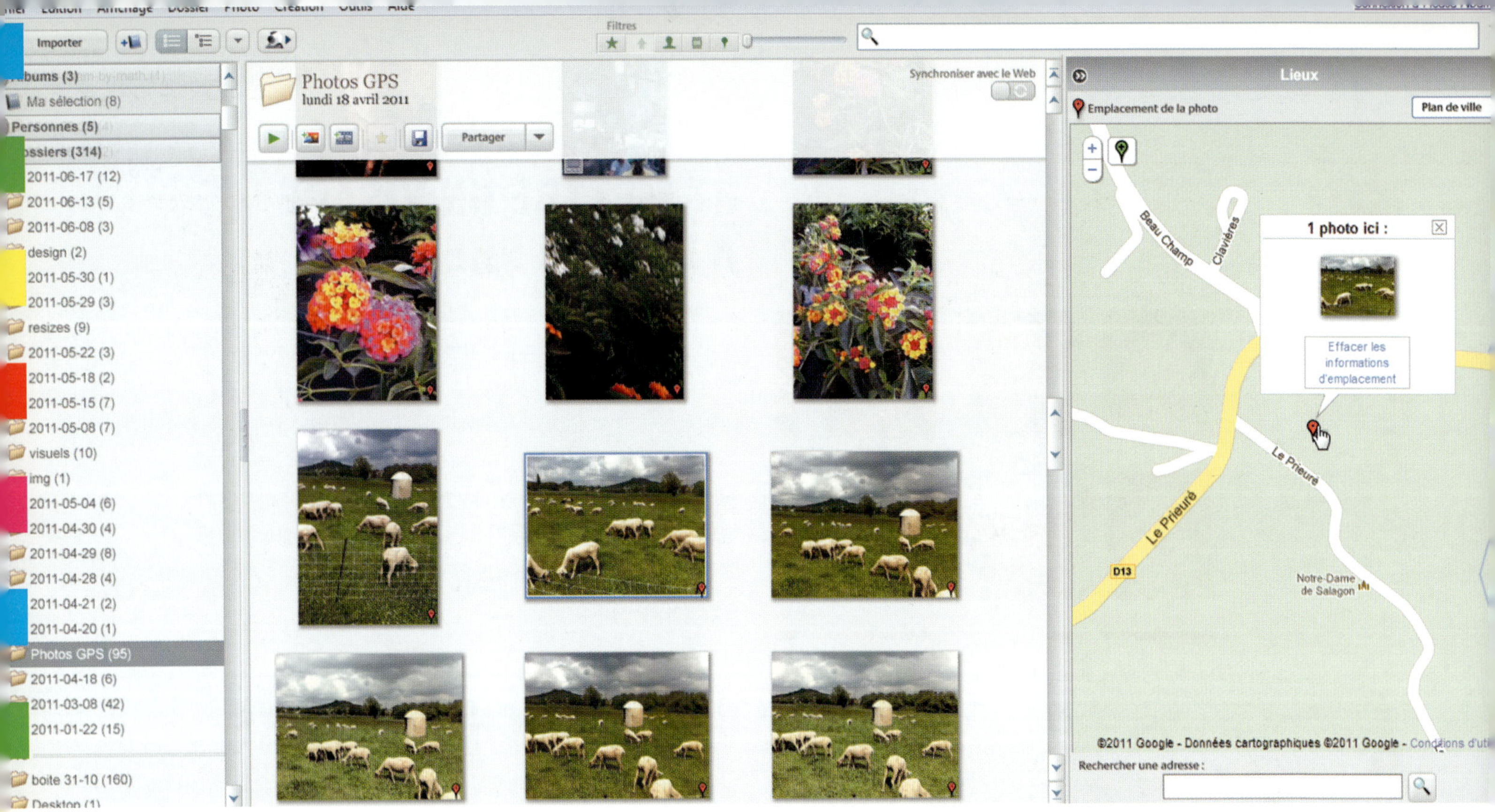

GÉOTAGGER VOS PHOTOS

Avant d'épingler vos clichés sur une carte du monde, vous devrez au préalable les géottager. À moins que votre appareil photo ne soit doté d'un GPS...

EXERCICE 8
DURÉE : 30MIN

Dans les exercices précédents, nous avons déjà vu comment tagger des photos en utilisant des mots-clés et comment exploiter la reconnaissance de visages pour classer vos clichés en fonction des personnes qui y figurent. Mais Picasa propose un système de marquage supplémentaire: le géottagage, qui permet d'associer des photos à des lieux particuliers, et de retrouver ces derniers sur une carte interactive.

Comme vous le découvrirez dans cet exercice, il existe deux manières d'exploiter le géotaggage ; soit vous disposez d'un appareil photo équipé d'un GPS (iPhone et autres) et vous pourrez retrouver immédiatement les lieux de prises de vues dans le panneau Lieux de Picasa ; soit vous disposez d'un appareil photo ordinaire et vous devrez géotagger vos clichés manuellement.

01 TRANSFÉRER DES PHOTOS DEPUIS UN SMARTPHONE

Si vous disposez d'un smartphone doté d'un GPS, connectez-le à votre ordinateur et importez les clichés qu'il contient dans Picasa, via la commande Importer à partir de..., du menu Fichier (voir exercice 3).
Si vous n'êtes pas équipé d'un tel appareil, insérez dans votre ordinateur le CD fourni avec ce livre, puis importez le contenu du dossier 08, à l'aide de la commande Importer à partir de…, du menu Fichier. Dans tous les cas, renommez le dossier d'import Photos GPS.

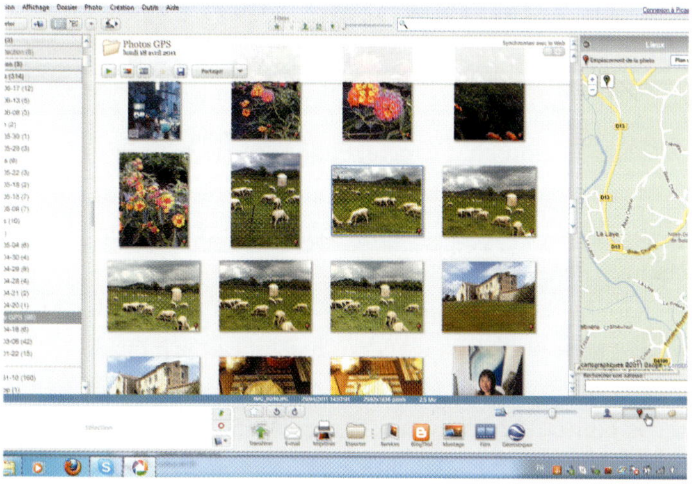

02 AFFICHER LE LIEU

Une fois les photos importées, affichez-les dans le panneau principal de Picasa. Vous remarquerez, en bas à droite de chaque vignette, un petit marqueur rouge, en forme de tête d'épingle ; celui-ci indique que le cliché est géotaggé.
Sélectionnez l'une de ces vignettes, puis cliquez sur l'icône en forme de tête d'épingle située à droite de la barre d'icônes, dans la partie inférieure de l'écran ; le panneau Lieux apparaît, affichant une carte du monde ainsi qu'un marqueur rouge qui indique le lieu de prise de vues.

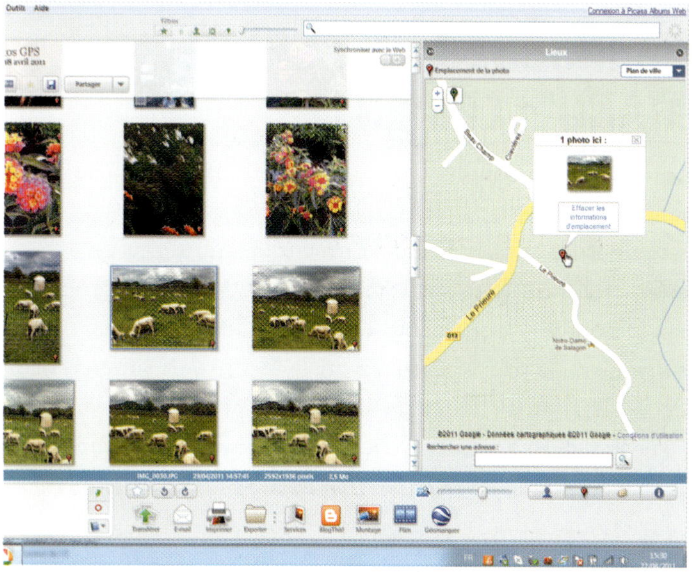

03 AFFICHER LES CLICHÉS

Comme vous le constaterez, il s'agit de Google Maps, le service de cartes et de navigation de Google. Commencez par élargir le panneau, en cliquant sur la double flèche située à gauche de sa barre de titre. Puis, zoomez sur la carte à l'aide des boutons + et - que vous trouverez dans l'angle supérieur gauche de celle-ci.
Cliquez sur le marqueur ; Picasa affiche une bulle d'informations qui montre la photo prise à cet endroit sous forme de vignette. Refermez la bulle en cliquant sur sa case de fermeture, en haut à droite.

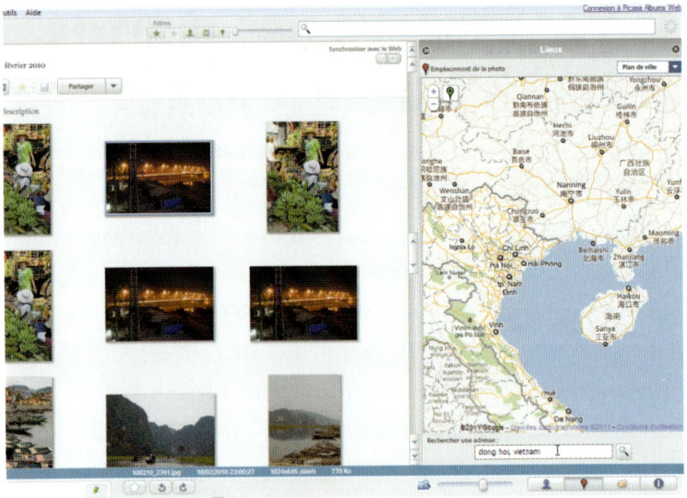

04 RECHERCHER UN LIEU

Sélectionnez un autre dossier de photos dans la partie gauche de l'écran pour afficher son contenu dans le panneau principal. Cliquez sur la vignette du premier cliché que vous souhaitez géotagger, puis rendez-vous dans le panneau Lieux et cliquez dans le champ de recherche situé dans la partie inférieure de ce dernier.

Saisissez l'adresse du lieu de prise de vue sous la forme: « rue, ville, pays» (chaque élément étant séparé par une virgule), puis lancez la recherche à l'aide de la touche Retour.

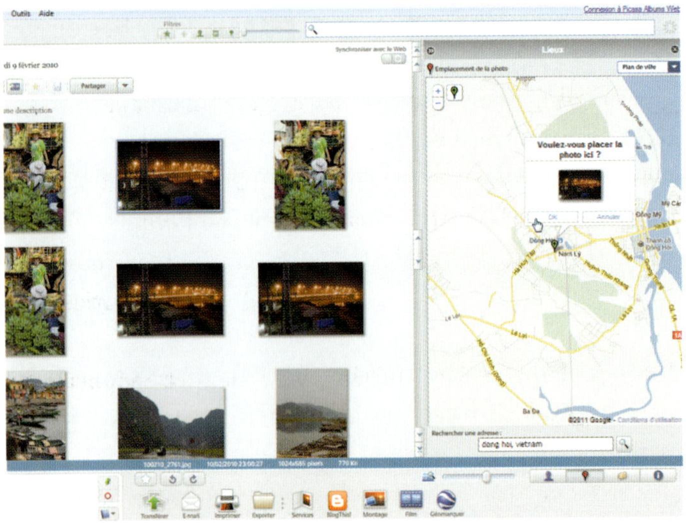

05 MARQUER UNE PHOTO

Picasa insère un nouveau repère (vert) sur la carte, accompagné d'une bulle affichant la photo sélectionnée. Si la localisation est correcte, cliquez sur le bouton OK dans la partie inférieure de la bulle ; si la position du repère n'est pas tout à fait exacte, déplacez-le en effectuant un cliquer-glisser. Puis, cliquez sur le bouton OK.

Le lieu est validé et une marque de géotaggage apparaît sur la vignette de l'image, dans le panneau principal.

Si la position du repère est totalement erronée, cliquez sur le bouton Annuler dans la partie inférieure de la bulle ; vous devrez insérer manuellement un nouveau repère.

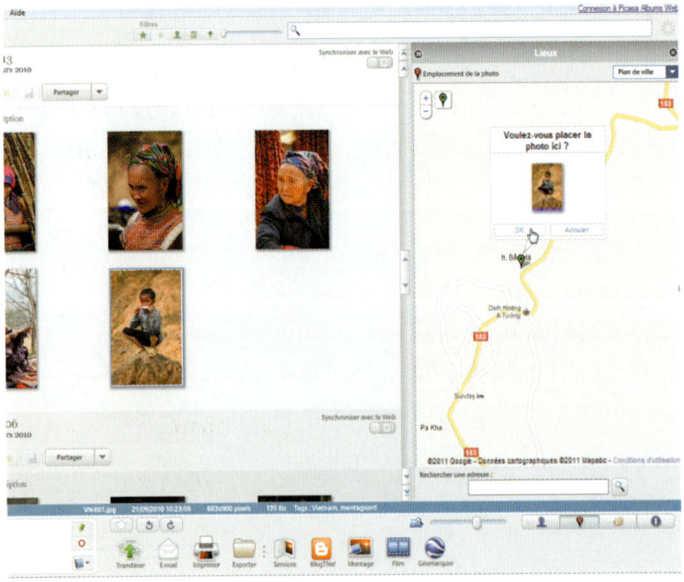

06 INSÉRER UN REPÈRE MANUELLEMENT

Cliquez sur le bouton Zoom arrière, en haut à gauche de la carte, afin de revenir à une vue d'ensemble ; faites défiler le plan à l'aide d'un cliquer-glisser jusqu'à afficher le lieu de prise de vues. Puis zoomez sur la zone, via le bouton Zoom avant, ou en utilisant la molette centrale de la souris. Cliquez sur le repère vert situé en haut de la carte, puis cliquez sur le lieux de prise de vues pour fixer le repère. Picasa affiche alors une bulle montrant la vignette de la photo. Confirmez la position en cliquant sur le bouton OK.

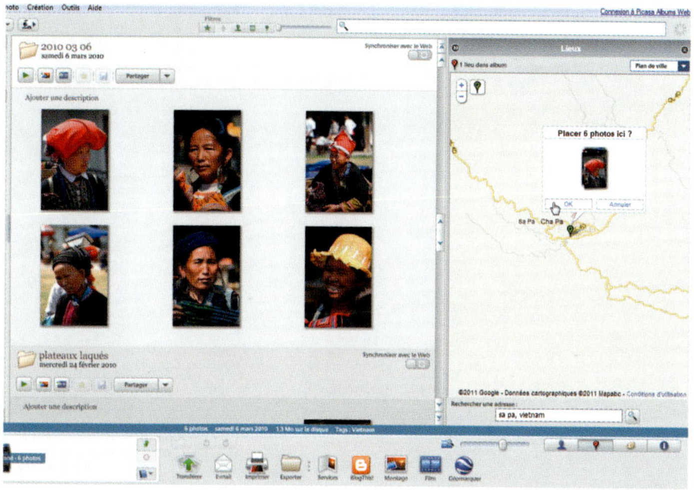

07 MARQUER UN DOSSIER

Comme vous l'avez vu dans l'exercice 6, Picasa permet de définir des mots-clés pour une sélection de clichés, ou pour l'ensemble d'un dossier. Avec le géotaggage, vous disposez des mêmes possibilités.
Si vous souhaitez définir un lieu de prise de vues unique pour l'ensemble d'un dossier, sélectionnez ce dernier dans le panneau gauche de l'application. Localisez l'emplacement dans le panneau Lieux (voir étapes 04 à 06), et confirmez le placement du repère, à l'aide du bouton OK qui s'affiche dans la bulle.

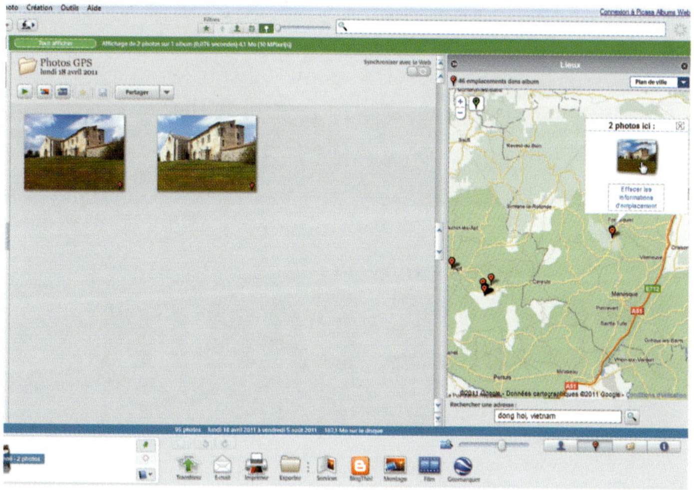

08 AFFICHER LES LIEUX

À l'inverse, vous aurez parfois des dossiers contenant des photos prises dans des lieux variés. Lorsque vous sélectionnez l'un de ces dossiers et affichez le panneau Lieux, ce dernier affiche plusieurs repères de lieux. Cliquez sur l'un de ces repères pour voir les photos qui lui sont associées. Picasa ouvre alors une bulle d'informations qui affiche le nombre de clichés associés à ce lieu et la vignette du premier cliché. Cliquez sur cette vignette pour afficher la sélection dans le panneau principal, puis cliquez sur le bouton Tout afficher qui apparaît en haut de l'écran pour revenir à l'affichage des dossiers.

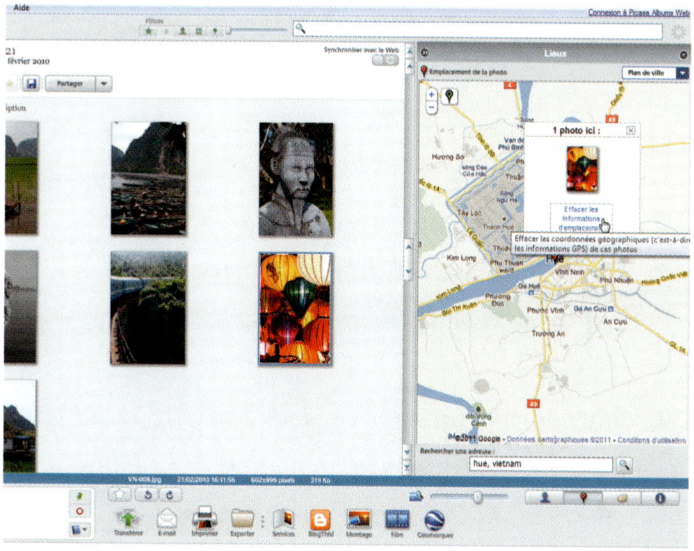

09 SUPPRIMER UN LIEU

En ajoutant des tags de lieux, vous n'êtes pas à l'abri d'une erreur que vous ne remarquerez que plus tard lorsque vous effectuerez une recherche par lieux. Pour supprimer un de ces marqueurs, sélectionnez la photo contenant le mauvais tag, puis affichez le panneau Lieux. Cliquez sur le repère pour afficher sa bulle d'information, puis cliquez sur le bouton Effacer les informations d'emplacement qui apparaît dans la partie inférieure de la bulle ; le marqueur de lieu est supprimé de la carte et de la vignette du cliché dans le panneau principal. Pour géotagger manuellement le bon lieu, reportez-vous à l'étape 6.

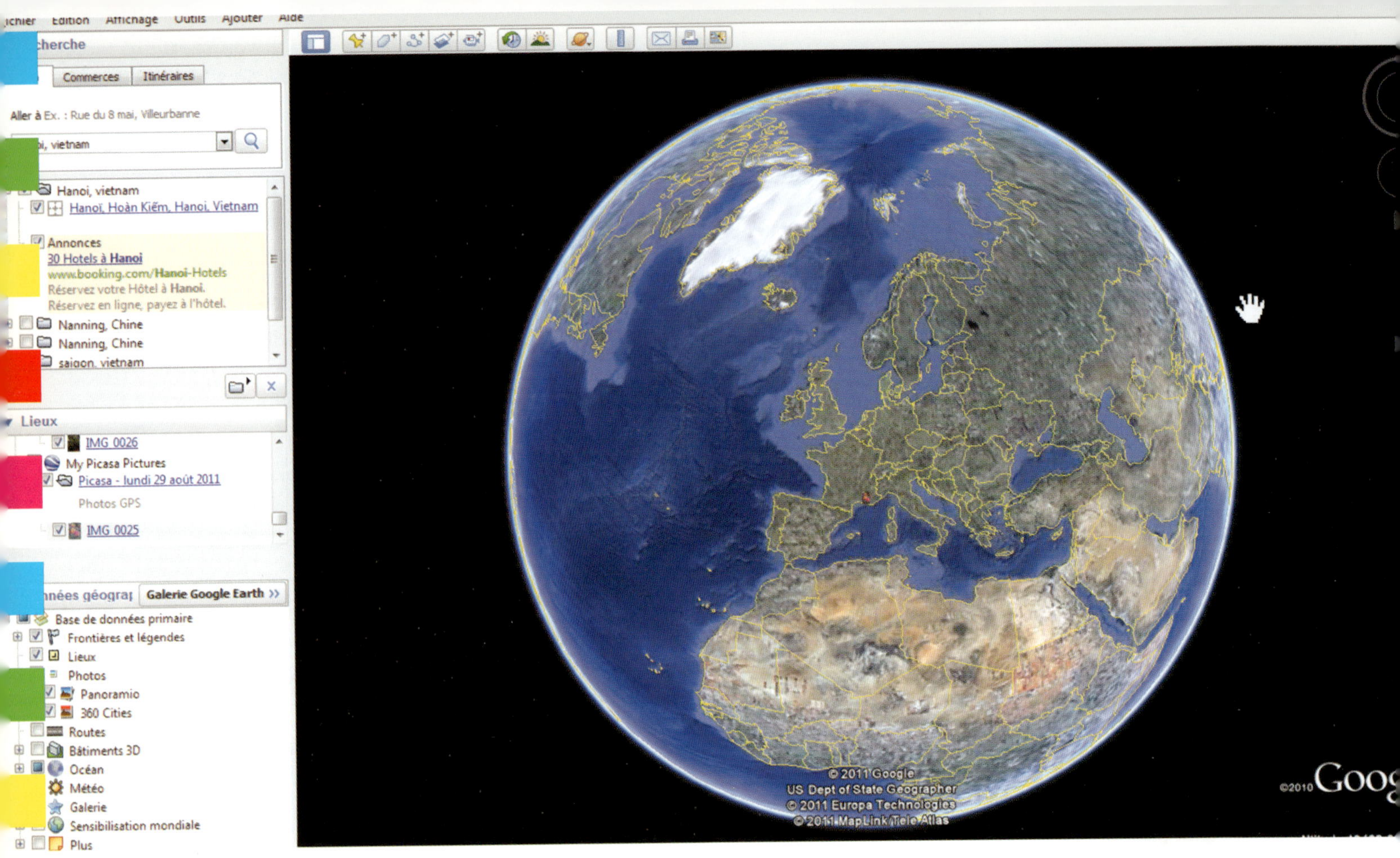

AFFICHAGE SOUS GOOGLE EARTH

Accessible depuis Picasa, Google Earth épingle sur son globe terrestre les clichés que vous avez géotaggés et publiés en ligne.

EXERCICE 9
DURÉE : 30MIN
Step By Step

Dans l'exercice précédent, vous avez vu comment géotagger vos photos et comment exploiter le panneau Lieux de Picasa, pour visualiser vos différents lieux de prises de vues. Mais, pour réellement tirer profit de ce type de marquage, vous utiliserez Google Earth.

En effet, Google Earth permet non seulement de survoler le globe terrestre et de zoomer sur la zone de votre choix, mais il permet aussi de visualiser les photos géotaggées, publiées par les utilisateurs de Picasa ou d'autres services Google.

Dans cet exercice, vous allez donc découvrir comment télécharger et installer Google Earth, et comment l'exploiter pour géotagger directement vos propres clichés et visualiser ceux déjà publiés par d'autres utilisateurs.

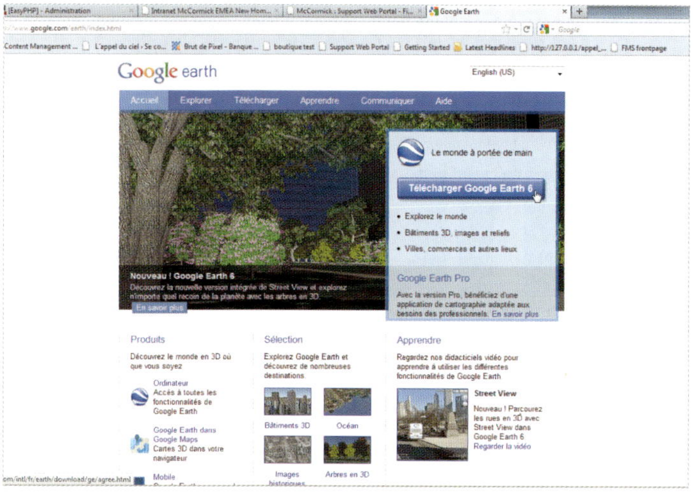

01 TÉLÉCHARGER GOOGLE EARTH

Lancez votre navigateur, cliquez dans sa barre d'adresses et saisissez l'adresse suivante : www.google.com/earth/index.html. Tapez sur la touche Retour, le navigateur affiche la page d'accueil de Google Earth. Cliquez sur le bouton bleu Télécharger Google Earth 6. Une nouvelle page apparaît, vous proposant de télécharger en même temps le navigateur Google Chrome et d'en faire votre navigateur Web par défaut. Décochez ces deux options, puis cliquez sur le bouton Accepter et télécharger.

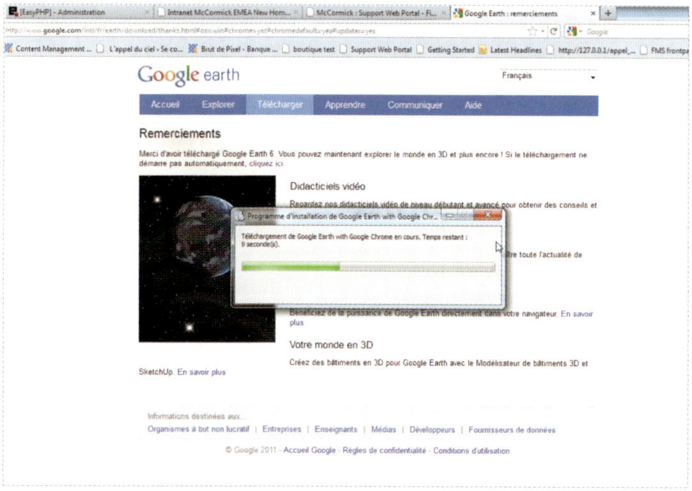

02 INSTALLER L'APPLICATION

Dans la boîte de dialogue qui s'affiche ensuite, cliquez sur le bouton Enregistrer le fichier; le navigateur télécharge l'installeur. Une fois le téléchargement terminé, une nouvelle boîte de dialogue apparaît; cliquez sur le bouton Exécuter pour lancer l'installation. L'installeur télécharge les fichiers nécessaires, puis effectue l'installation de Google Earth; une jauge montre la progression de l'installation. En fin d'installation, Google Earth démarre automatiquement et dévoile son interface. Attention, pour l'installation de Google Earth, comme pour son utilisation, vous avez besoin d'une connexion Internet active.

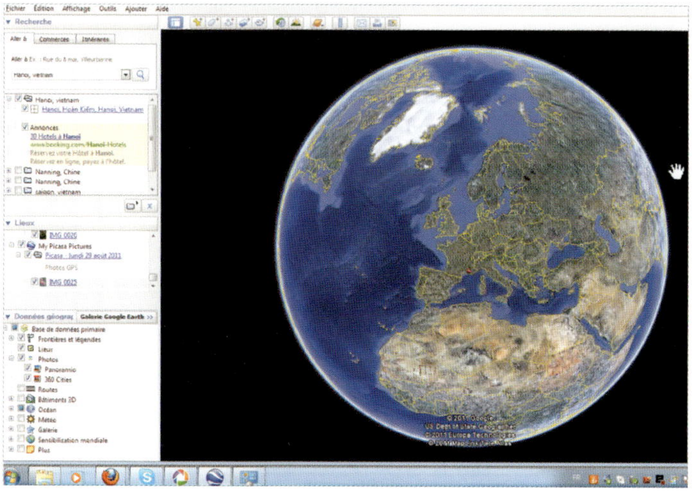

03 PREMIERS PAS

Au démarrage, Google Earth affiche une vue du globe terrestre, accompagnée d'un panneau d'options et d'informations dans la partie gauche de l'écran. Pour vous déplacer sur la surface du globe, effectuez un cliquer-glisser sur ce dernier, ou bien déplacez le pointeur dans l'angle supérieur droit de l'écran, afin de faire apparaître les outils de navigation, puis utilisez les flèches de déplacement situées au-dessus du curseur de zoom. Pour zoomer sur une région précise, utilisez la molette centrale de votre souris, ou bien le curseur de zoom situé dans la partie droite de l'écran.

04 DÉCOUVRIR DES LIEUX 1/2

À l'aide de la molette centrale de la souris, zoomez sur le sud-est de la France. À partir d'un certain niveau de zoom, apparaissent de petites icônes d'images indiquant des photos publiées par des utilisateurs. Continuez à zoomer sur la région d'Avignon, puis la ville elle-même ; d'autres icônes apparaissent. À l'aide du pointeur de la souris, survolez l'une de ces icônes ; le nom de la photo qui lui est associée s'affiche sur la carte. Ce nom correspond au nom du cliché ou à sa description, lorsqu'il en est doté.

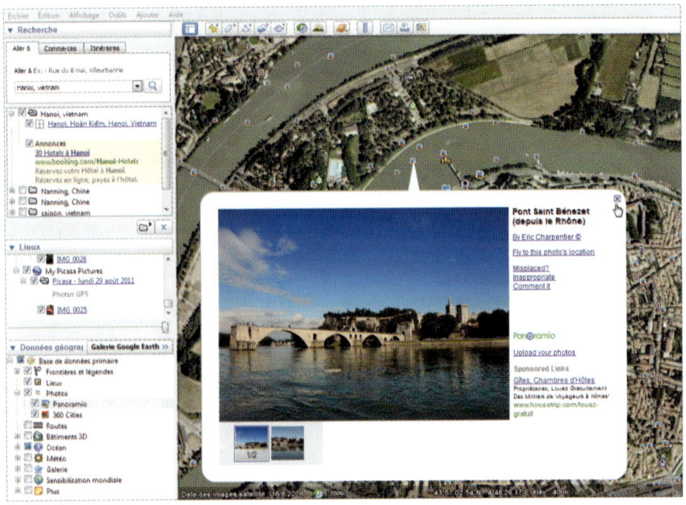

05 DÉCOUVRIR DES LIEUX 2/2

Cliquez sur l'une de ces icônes ; un panneau apparaît affichant la ou les photos associées à ce lieux. Dans la partie droite du panneau, en regard de la photo, s'affiche le nom de l'auteur, et un lien Fly to this photo's location. Si vous cliquez sur ce lien, Google Earth effectue un mouvement de zoom progressif jusqu'à l'endroit où a été prise la photo. Refermez le panneau à l'aide de sa case de fermeture située en haut à droite de celui-ci.

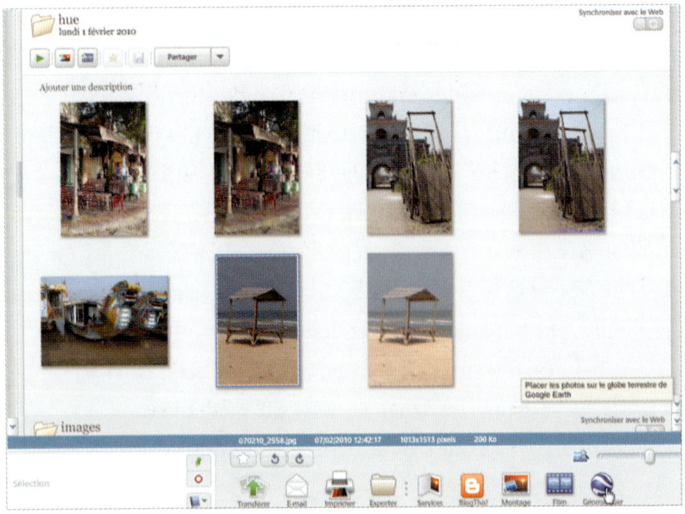

06 AJOUTER UNE PHOTO DANS GOOGLE EARTH

Revenez dans Picasa en cliquant sur son icône située dans la barre de tâches, en bas de l'écran. Ouvrez l'un de vos dossiers de photos en le sélectionnant dans la partie gauche de l'écran, puis cliquez sur l'icône Géomarquer, située à l'extrémité droite de la barre d'icônes de Picasa ; l'application Google Earth revient au premier plan, elle affiche dans sa partie inférieure droite un petit panneau contenant les images du dossier sélectionné. Pour commencer, vous allez localiser l'emplacement de la première photo.

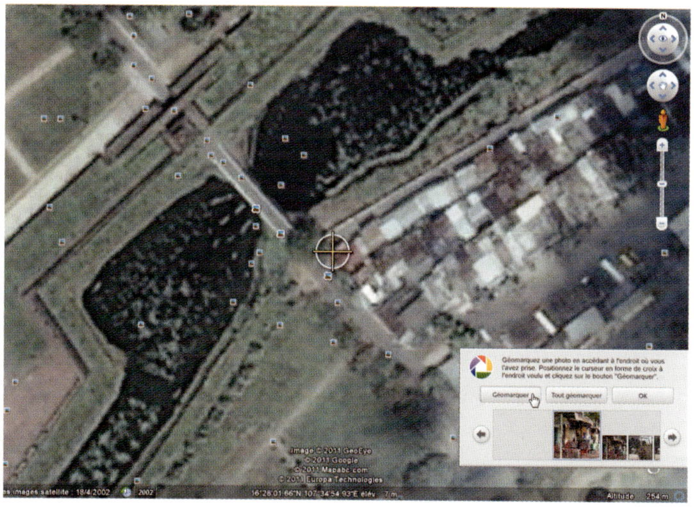

07 MARQUER LE CLICHÉ

Rendez-vous à la rubrique Recherche, dans la partie gauche de l'écran, et cliquez dans le champ Allez à. Saisissez le nom de la ville et le pays où le cliché a été pris, et tapez la touche Retour : Google Earth affiche le lieu demandé. Zoomez sur la carte pour afficher le niveau de détails nécessaire, puis faites glisser celle-ci de manière à placer le curseur en forme de croix sur le lieu exact de prise de vue. Cliquez sur le bouton Géomarquer situé au-dessus des vignettes dans le panneau Picasa ; la photo est insérée sur la carte et s'affiche sous forme de vignette.

08 GÉOMARQUER D'AUTRES CLICHÉS

Cliquez sur la vignette pour afficher la photo en grand format. Revenez dans le panneau Picasa, en bas à droite de l'écran et sélectionnez la vignette de la seconde photo. Répétez les opérations précédentes : localisez l'emplacement de la prise de vue à l'aide de la rubrique Recherche, affinez le positionnement du repère et cliquez sur le bouton Géomarquer. Une fois toutes les photos du dossier positionnées dans Google Earth, refermez le panneau Picasa en cliquant sur le bouton OK.

09 AFFICHER DES PHOTOS DÉJÀ TAGGÉES

Vous avez importé des photos depuis un appareil photo doté d'un GPS, vous pouvez retrouver les lieux de prises de vues de ces clichés dans Google Earth : sélectionnez l'un de ces clichés dans Picasa, puis cliquez sur l'icône Géomarquer. L'application Google Earth revient au premier plan et vous emmène directement sur le lieu de prise de vue. Pour enregistrer le lieu et l'image dans Google Earth, cliquez sur le bouton Géomarquer dans le panneau Picasa qui apparaît en bas à droite de l'écran.

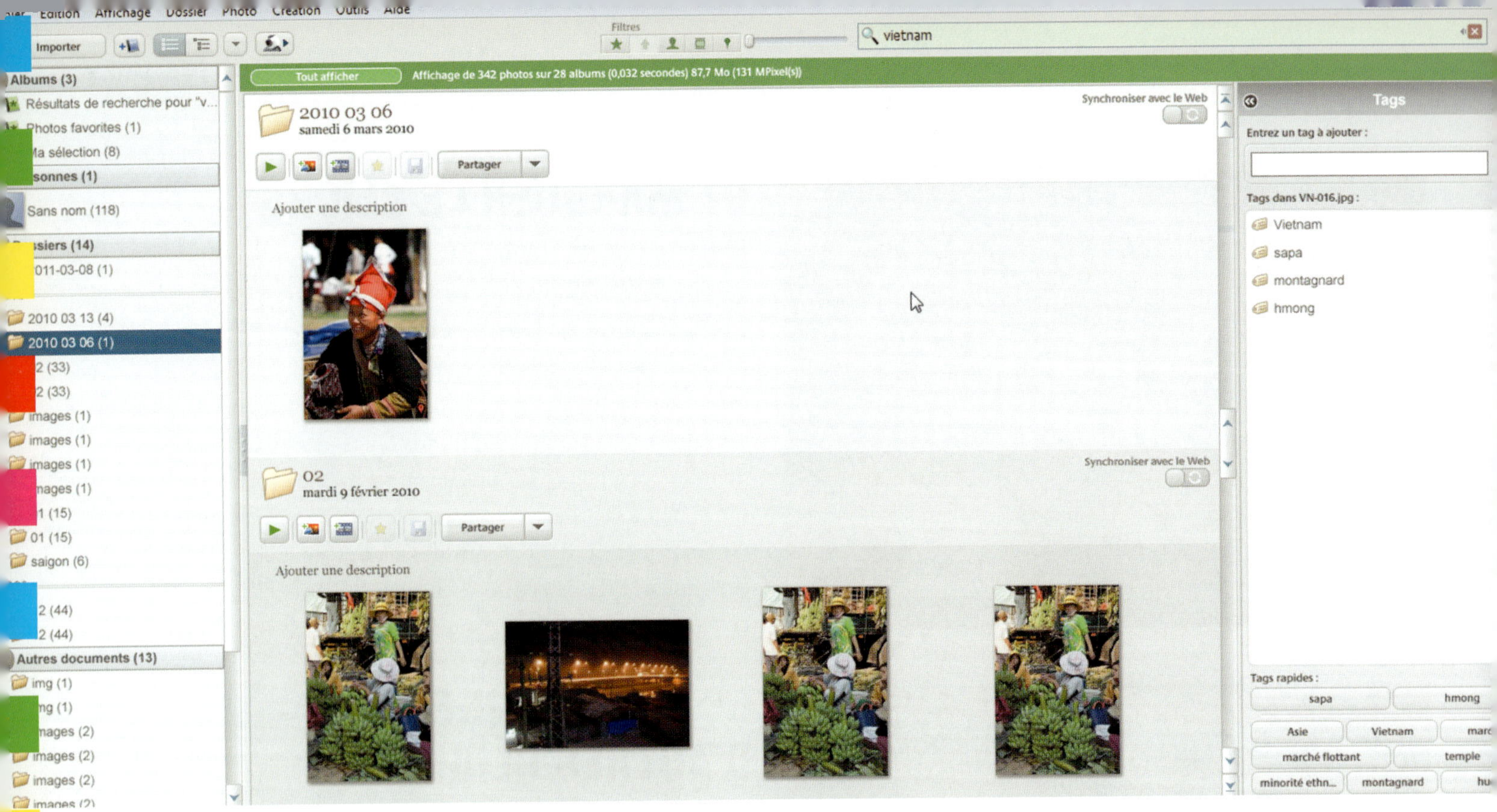

TRI ET RECHERCHE DE PHOTOS

Grâce aux mots-clés, aux tags de visages ou de lieux, retrouver des images dans votre photothèque se fait en quelques clics.

EXERCICE 10
DURÉE : 15MIN
Step By Step

Dans les exercices précédents, vous avez vu comment tagger vos clichés, à l'aide des mots-clés, des tags de visages ou de lieux, et vous avez peut-être passé beaucoup de temps à effectuer ces opérations. Mais à présent, votre labeur va être récompensé : en effet, grâce à ces différents types de marquages, vous pourrez retrouver facilement n'importe quel cliché stocké dans votre photothèque.

Comme vous allez le découvrir dans ces pages, Picasa dispose d'un outil de recherche intégré qui permet de lancer une requête sur un ou plusieurs mots-clés, mais il dispose aussi de filtres que vous pourrez utiliser indépendamment ou en complément du moteur de recherche, et qui permettent de sélectionner l'affichage des seuls clichés contenant un visage, un tag de lieux, etc.

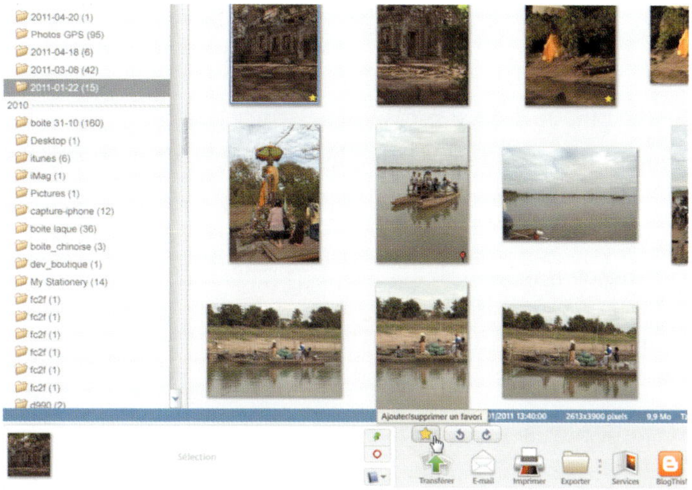

01 CLICHÉS FAVORIS

En plus des mots-clés, tags de visages et de lieux, Picasa permet de marquer certains clichés comme favoris. Ces derniers pourront alors être facilement retrouvés à l'aide du filtre Favoris et de l'album Photos favorites. Pour marquer un cliché comme favori, sélectionnez sa vignette dans le panneau principal de Picasa, puis cliquez sur le bouton Ajouter/Supprimer un favori, que vous trouverez à gauche des deux boutons de rotation, au centre de la barre d'icônes. Une fois le marquage effectué, une étoile jaune apparaît en bas à droite de la vignette.

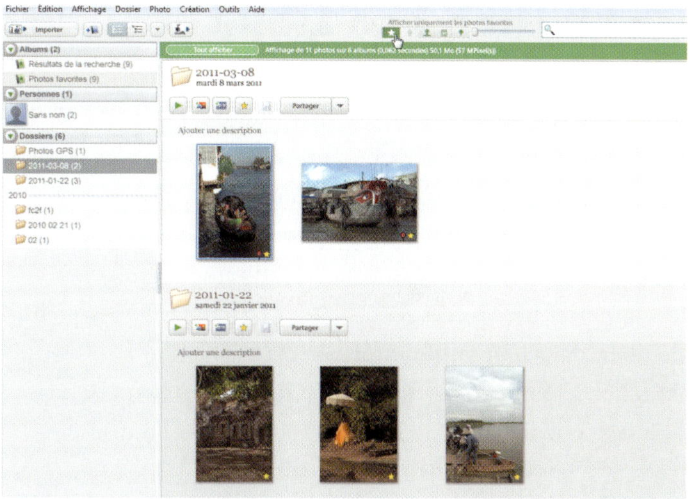

02 FILTRER LES FAVORIS

Dans la partie supérieure de son interface, Picasa affiche un champ de recherche, précédé d'un curseur et d'un groupe de boutons. Ces derniers sont des filtres qui permettent de sélectionner rapidement un type d'images particulier. Cliquez sur le premier bouton situé à gauche du groupe ; il s'agit du filtre Favoris. Picasa recherche tous les clichés marqués comme favoris et affiche le résultat de sa recherche en conservant le classement par dossiers. Pour revenir à la photothèque, cliquez sur le bouton Tout afficher situé dans la barre verte, en haut de l'écran.

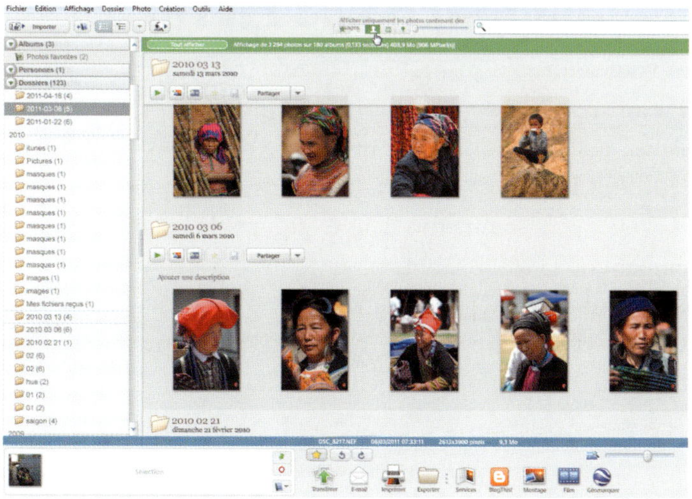

03 FILTRER LES VISAGES

Revenez dans la partie supérieure de l'écran et cliquez sur le troisième bouton du groupe (celui affichant une silhouette) ; Picasa recherche tous les clichés dans lesquels il a reconnu un visage et les affiche en conservant la présentation par dossier. Parcourez le contenu de ces dossiers en les faisant défiler dans l'interface principale à l'aide de la molette centrale de votre souris. Revenez ensuite à la photothèque en cliquant sur le bouton Tout afficher, situé dans la barre verte, en haut de votre écran.

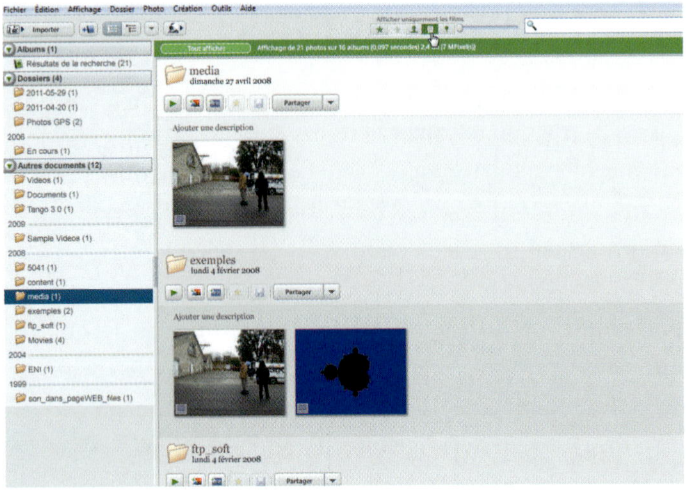

04 FILTRER LES FILMS

Revenez dans le groupe de boutons situé en haut de l'écran, et cliquez sur l'avant-dernier bouton.
Picasa filtre le contenu de la photothèque pour n'afficher que les séquences vidéos. Comme vous le constaterez, les vignettes de ces séquences sont marquées d'une icône de film dans leur angle inférieur gauche.
Sélectionnez une vidéo et tapez la touche Retour; Picasa affiche son interface de lecture et lance la séquence.
Pour revenir dans l'interface principale, tapez la touche Retour, puis cliquez sur le bouton Tout afficher pour réafficher la photothèque.

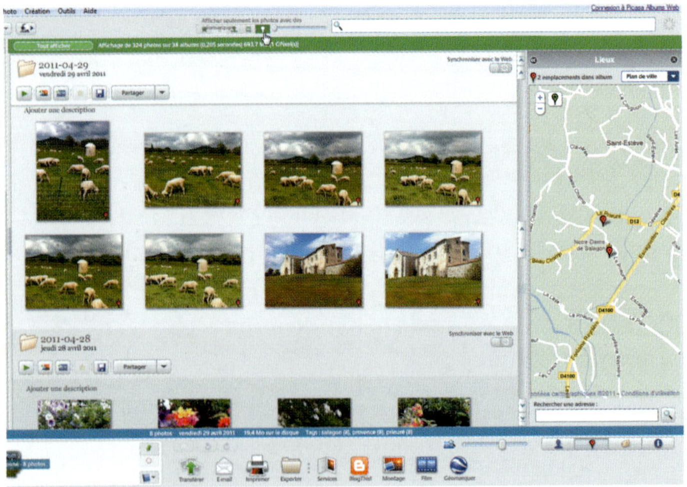

05 FILTRER LES LIEUX

Revenez dans le groupe de boutons situé en haut de l'écran, et cliquez sur le dernier bouton. Picasa filtre le contenu de la photothèque pour n'afficher que les images géotaggées : celles que vous avez taggées manuellement et celles prises avec un appareil photo doté d'un GPS (voir exercice 8). Comme vous le constaterez, les vignettes de ces images affichent chacunes le marqueur de lieux dans leur angle inférieur droit.
Affichez le panneau Lieux pour visualiser les lieux de prise de vues, puis revenez à la photothèque via le bouton Tout afficher situé dans la barre verte.

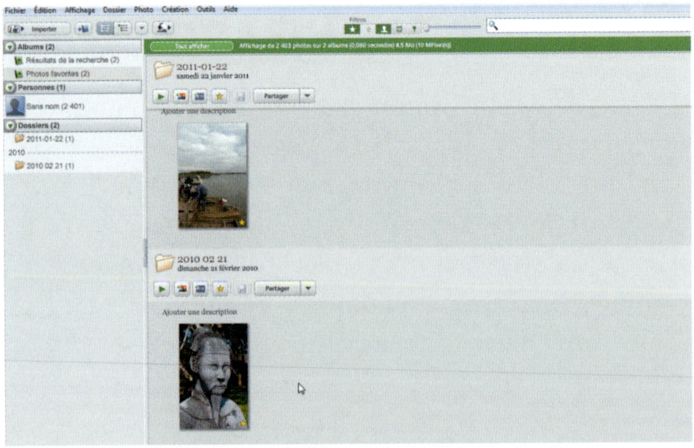

06 COMBINER LES FILTRES

Si vous souhaitez affiner une sélection de clichés, Picasa vous permet de combiner les filtres.
Ainsi, pour retrouver vos portraits favoris, vous combinerez les filtres Favoris et Visages.
Revenez encore une fois dans le groupe de boutons situé en haut de l'écran et cliquez sur le filtre Visages; Picasa affiche une première sélection d'images.
Cliquez ensuite sur le filtre Favoris; Picasa filtre la première sélection et affiche le résultat.

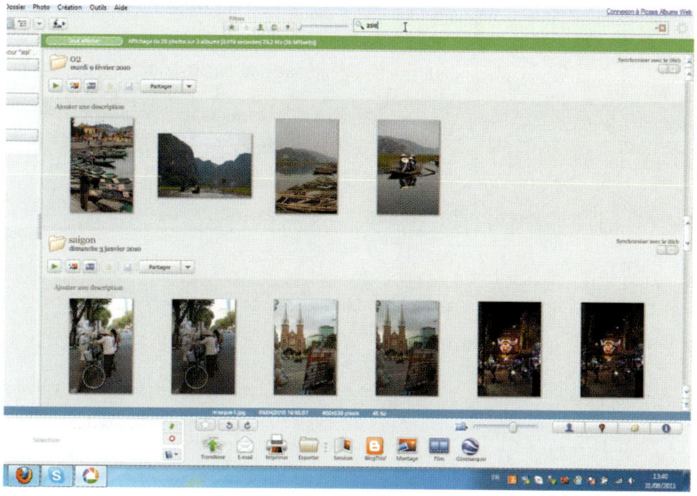

07 RECHERCHER DES PHOTOS

Comme vous l'aurez constaté, les filtres de Picasa ne permettent pas d'effectuer une sélection d'images très pointue. Si vous souhaitez retrouver des clichés particuliers, vous exploiterez le moteur de recherche de l'application qui exploite non seulement les tags que vous avez associés aux photos, mais aussi les noms de fichiers et de dossiers.
Dans le champ de recherche situé en haut à droite de l'écran, tapez un mot-clé (ici, Asie) ; Picasa effectue une recherche en temps réel et affiche le résultat de la recherche au fur et à mesure de la saisie.

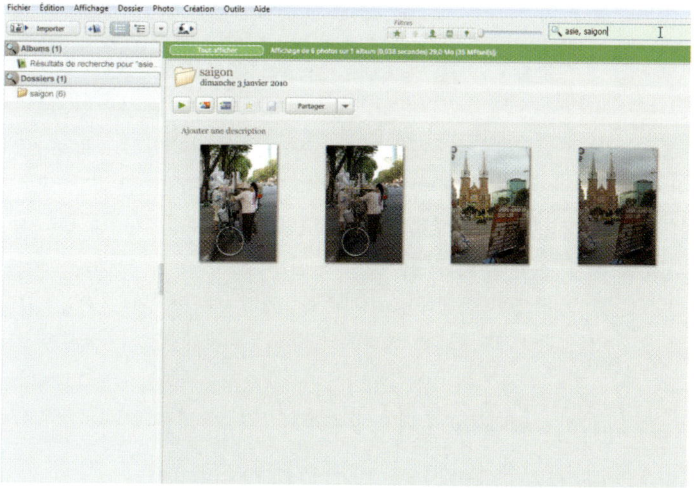

08 AFFINER LA RECHERCHE

Dans la partie gauche de l'écran, s'affiche la liste des dossiers contenant des images correspondant à la requête. Si le résultat de la recherche ne vous convient pas, vous pouvez l'affiner en ajoutant un second mot-clé. Revenez dans le champ de recherche, entrez une virgule ou le signe + à la suite du premier mot-clé et saisissez-en un second : les images trouvées s'affichent instantanément dans le panneau principal.
Pour revenir à la photothèque, cliquez sur le bouton Tout afficher qui apparaît dans la barre verte, en haut de l'écran.

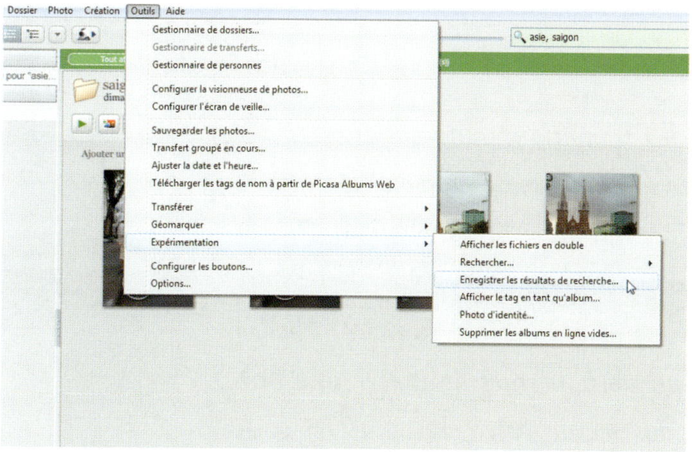

09 CRÉER UN ALBUM

Si vous avez correctement taggé vos clichés, le moteur de recherche de Picasa vous permettra de retrouver les photos de votre choix. Vous aurez ainsi la possibilité d'enregistrez le résultat de la recherche dans un album : dans la barre de menus, activez le menu Outils, puis choisissez Expérimentation > Enregistrer le résultat de la recherche… Picasa affiche la boîte de dialogue de création d'album (voir exercice 5). Saisissez le nom de l'album et validez : le nouvel album apparaît dans la rubrique Albums, au-dessus de la liste des dossiers.

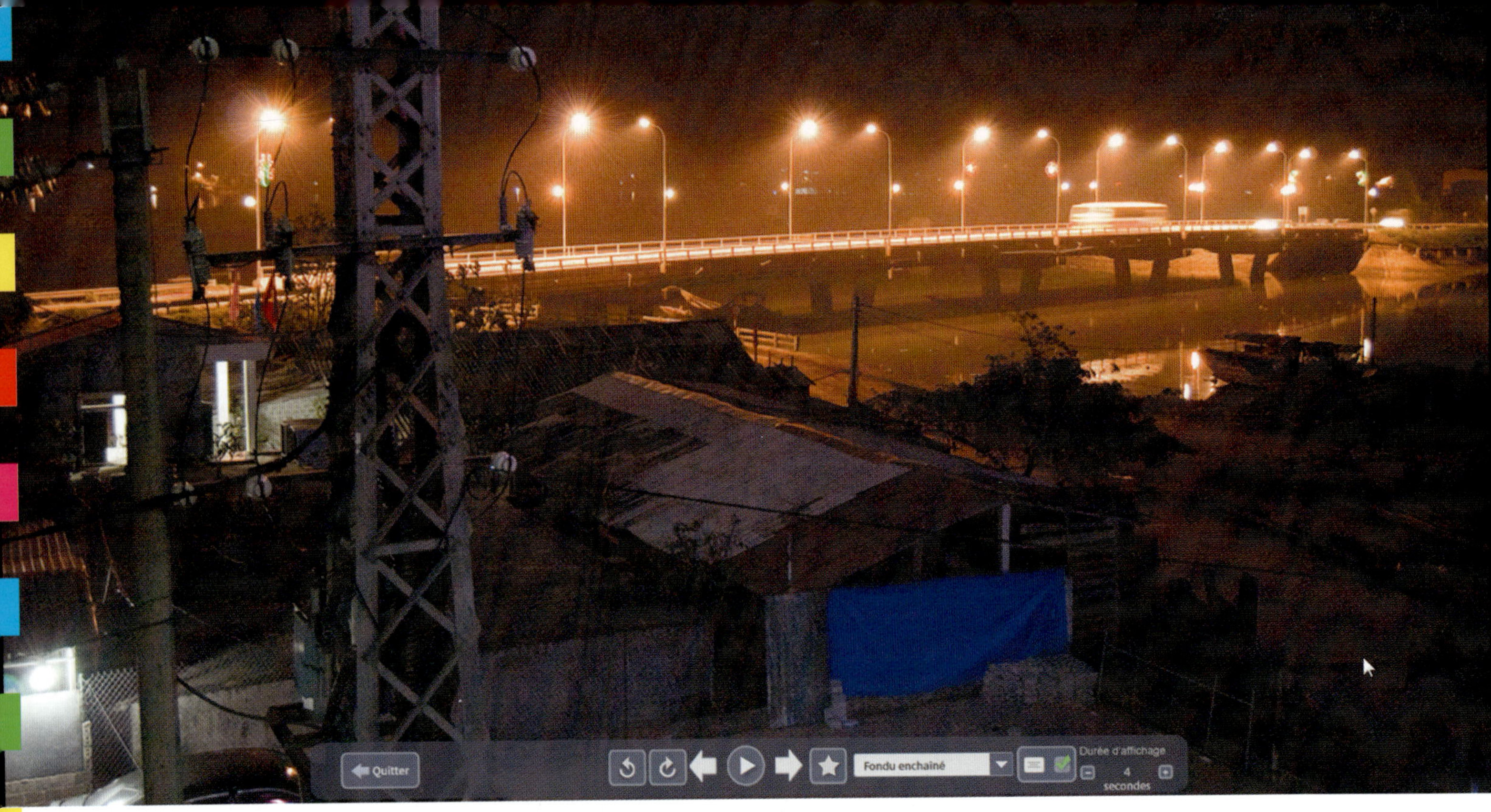

AFFICHER UN DIAPORAMA

Pour présenter vos photos à des amis, rien ne vaut un diaporama que vous lancerez directement à partir de Picasa.

EXERCICE 11
DURÉE : 15MIN
Step By Step

Pour créer une présentation avec des transitions automatiques et des effets de fondus enchaînés, il existe une multitude de logiciels gratuits ou payants. Mais pourquoi vous compliquer la vie, quand Picasa dispose de tous les outils dont vous avez besoin?
En effet, comme vous allez le découvrir dans cet exercice, Picasa intègre une fonction Diaporama qui vous permet de lancer une présentation plein écran à partir du dossier de votre choix. Et si vous souhaitez créer un diaporama "portable" pour le stocker sur une clé USB, ou l'enregistrer sur un DVD, vous utiliserez la fonction Films de l'application (voir exercice 18). Grâce à cette fonction, vous pourrez alors créer une présentation personnalisée, incluant une bande-son, des légendes et même des panneaux d'intertitres.

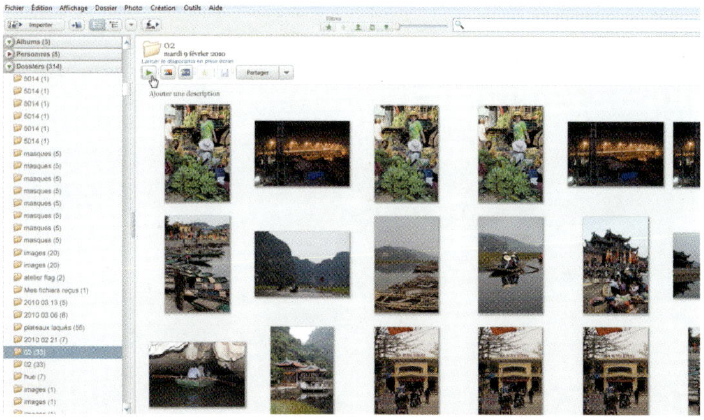

01 LANCER LE DIAPORAMA

Après avoir lancé Picasa, sélectionnez le dossier contenant les photos que vous souhaitez présenter en diaporama. Ce peut être un simple dossier de photos, un album, une collection de visages, ou bien le résultat d'une recherche (voir exercice 10).
Dans la partie supérieure du panneau principal, Picasa affiche le nom du dossier sélectionné, et juste en dessous, un groupe de boutons dont le premier est orné d'une flèche verte. Cliquez sur ce bouton pour lancer le diaporama.

02 LA BARRE DE CONTRÔLE

Picasa bascule en mode plein écran et affiche la première photo du dossier sur un fond noir. Au bas de l'écran, apparaît une barre de contrôle qui disparaît au bout de quelques instants. Pour réafficher cette barre, faites bouger la souris. Cliquez sur le bouton Play situé au centre de la barre pour lancer le diaporama.
Par défaut, Picasa utilise un fondu enchaîné pour faire la transition entre deux images, mais vous pouvez choisir un autre effet de transition, de même que vous pouvez régler la durée d'affichage de chaque cliché.

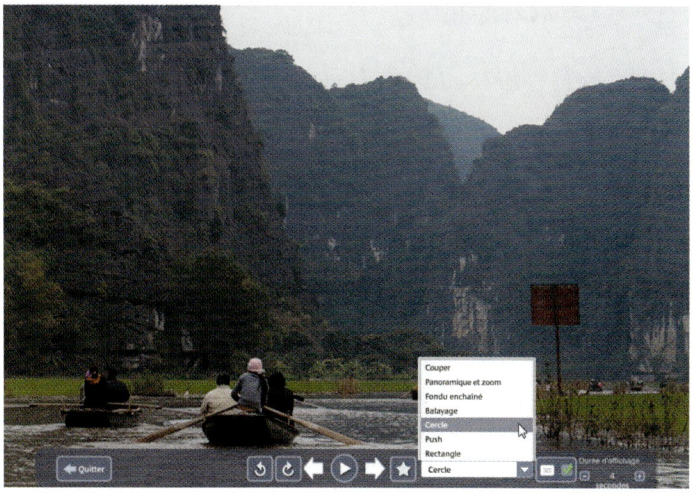

03 RÉGLAGE DU DIAPORAMA

Pour changer de mode de transition, déplacez la souris de manière à faire apparaître la barre de contrôle, puis cliquez sur l'élément situé à droite du bouton Favoris (l'étoile). Dans le menu local qui s'affiche, choisissez un effet de transition et relancez le diaporama à l'aide de son bouton Play.
Pour ajuster la durée d'affichage des photos, rendez-vous à l'extrémité droite de la barre et cliquez sur les deux petites flèches situées de part d'autre du chiffre 3 (en secondes, la durée d'affichage par défaut).
Puis, relancez le diaporama.

CORRECTIONS ET RETOUCHES

Du contraste automatique au réglage de l'éclairage, Picasa propose différents outils de correction, pour le néophyte comme pour l'utilisateur avancé.

EXERCICE 12
DURÉE : 50MIN
Step By Step

En dépit des systèmes d'optimisation de l'image dont sont équipés les appareils photo numériques grand public, il est toujours possible de rater une photo : cliché surexposé ou sous-exposé, manque de contraste, mauvais cadrage ou horizon bancal.

Heureusement, comme vous allez le découvrir dans cet exercice, Picasa intègre différentes commandes de correction qui vous permettront de rattraper efficacement vos erreurs de prises de vues : des commandes automatiques que vous appliquerez d'un seul clic de souris, ou des commandes plus sophistiquées avec lesquelles vous pourrez effectuer des réglages personnalisés. Quelle que soit la commande utilisée, vous pourrez annuler les corrections effectuées pour revenir à l'image originale. Et ce à tout moment.

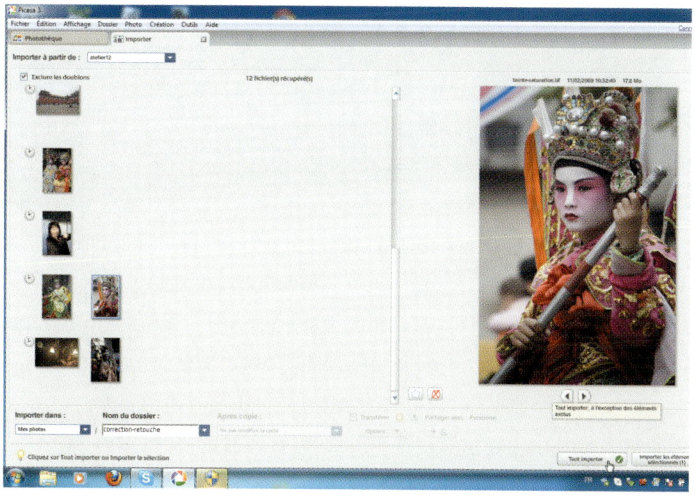

01 IMPORTER LES PHOTOS

Maintenant vous allez travailler sur des photos enregistrées sur le CD qui accompagne ce livre. Après avoir inséré le disque dans votre PC et démarré Picasa, activez la commande Importer, située en haut à gauche de l'écran ; l'application affiche son interface d'import (voir exercice 3). Dans la rubrique À partir de, choisissez l'option Dossier et naviguez jusqu'au dossier Exercice 12 pour afficher le contenu du dossier à l'écran. Créez un nouveau dossier de destination nommé Corrections-retouches, et cliquez sur Tout importer : Picasa génère un nouveau dossier qui apparaît dans la liste des dossiers de son interface principale.

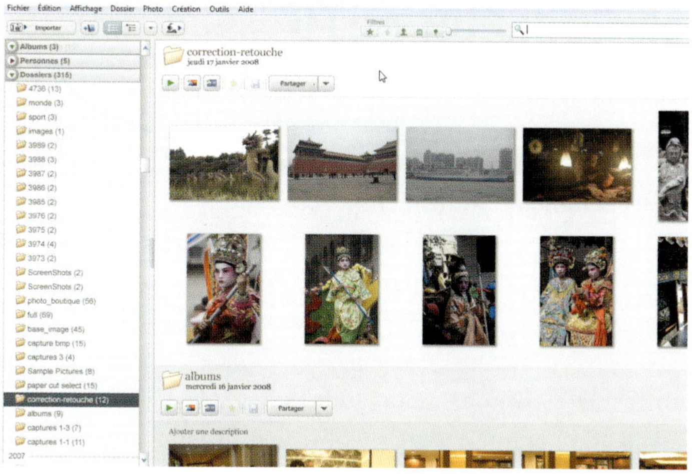

02 L'INTERFACE DE CORRECTION

Sélectionnez la première image du dossier et tapez sur la touche Retour ; Picasa ouvre la photo grand format dans son interface d'édition. Dans la partie gauche de l'écran, s'affiche un panneau de réglages qui regroupe trois onglets : Ret. simples, Réglages et Effets. Le premier propose un ensemble de commandes de corrections simples, le deuxième des réglages plus avancés et le troisième rassemble un ensemble de filtres, davantage destinés à la création.

03 J'AI DE LA CHANCE

Refermez l'interface d'édition, sélectionnez la photo du bateau et tapez sur la touche Retour pour revenir en mode Édition. La photo qui s'affiche à l'écran est terne : elle manque de contraste et de couleurs. Vous allez tenter de l'améliorer à l'aide de la commande de correction automatique J'ai de la chance. Cliquez sur l'icône du même nom ; Picasa procède au réglage de la couleur et de l'éclairage et affiche l'image corrigée.

Si le résultat vous convient, tapez la touche Retour pour revenir dans la photothèque.

04 CONTRASTE AUTO

Annulez les corrections automatiques grâce à la commande Annuler J'ai de la chance qui apparaît en dessous du groupe d'icônes. Comme vous l'avez noté, la photo affichée à l'écran est dépourvue de tons sombres et de tons très clairs, en d'autres termes elle manque de contraste. Vous pouvez donc essayer de la corriger à l'aide de la commande Contraste Auto. Cliquez sur l'icône du même nom dans le panneau de réglages et observez le résultat. Tapez ensuite sur la touche Retour pour revenir à la photothèque : l'image est enregistrée avec ses corrections, mais vous pourrez toujours revenir en arrière.

05 COULEUR AUTO

Sélectionnez à présent la première image du dossier Correction-retouche et ouvrez-la dans l'interface d'édition. En détaillant le cliché, vous constaterez qu'il présente un léger voile de couleur (une dominante jaune). Pour corriger ce défaut, vous utiliserez la commande Couleur Auto. Cliquez sur l'icône du même nom dans le panneau de réglages et observez le résultat. Si la correction vous convient, validez-la en tapant sur la touche Retour, sinon annulez le réglage, à l'aide du bouton Annuler Couleur Auto qui s'affiche en dessous du groupe d'icônes.

06 ÉCLAIRAGE D'APPOINT

Indépendamment du contraste ou de la couleur, certaines photos présentent parfois un problème d'éclairage : certaines zones sont noyées dans l'ombre, alors que d'autres sont correctement exposées. Pour corriger ce problème, vous utiliserez le réglage Éclairage d'appoint.

Faites glisser vers la droite le curseur situé en bas du groupe d'icônes : l'image s'éclaircit globalement sans perdre son contraste. Validez la correction en tapant la touche Retour, ou bien annulez le réglage, à l'aide du bouton Annuler Éclairage d'appoint qui s'affiche en dessous du groupe d'icônes.

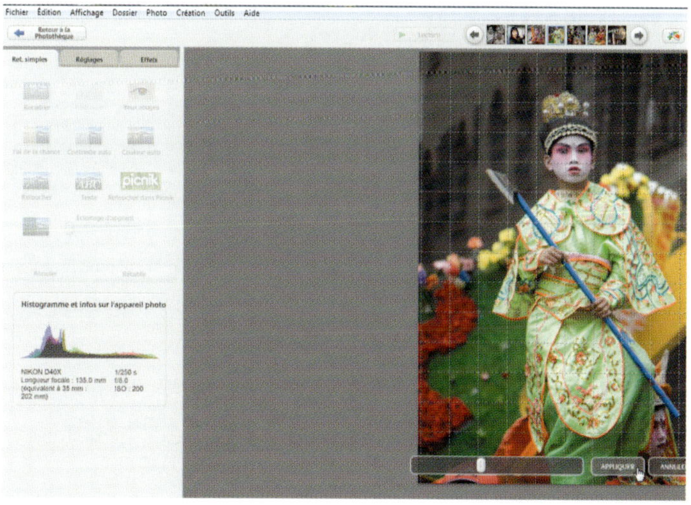

07 REDRESSER UNE PHOTO

Parfois les réglages de prises de vue sont bons, le cliché est bien contrasté et affiche des couleurs bien saturées, mais c'est le cadrage qui pose problème ; votre sujet est penché, comme celui qui tient une lance bleue dans le dossier de photo. Ouvrez l'image dans l'interface d'édition, à l'aide de la touche Retour, puis cliquez sur la commande Redresser, dans le panneau de réglages : une grille s'affiche sur l'image. Redressez le sujet à l'aide du curseur situé en bas de l'image, puis cliquez sur le bouton Appliquer. Revenez ensuite dans la photothèque avec la touche Retour.

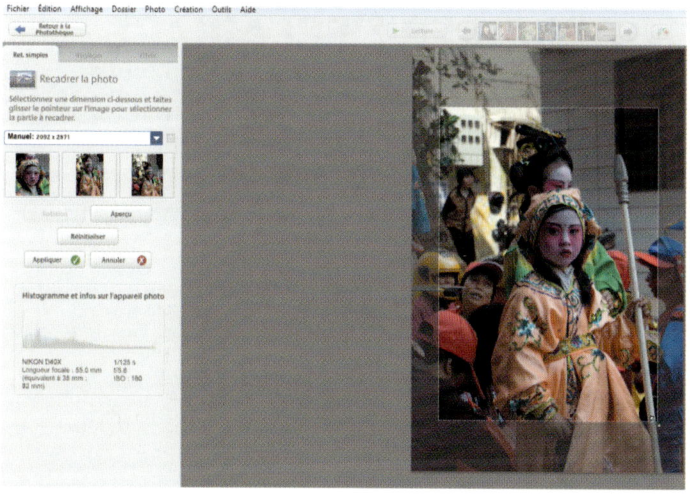

08 RECADRER UNE PHOTO

Comme vous l'avez remarqué, lorsque vous redressez un cliché, celui-ci est automatiquement recadré. Mais vous n'avez aucun contrôle sur le cadrage. Si vous souhaitez simplement recadrer une image, vous utiliserez la commande Recadrer. Dans le dossier de photos, ouvrez le cliché qui suit celui que vous venez de redresser, puis activez la commande Recadrer dans le panneau de réglages. Cliquez-glissez sur l'image pour définir une zone de recadrage, puis cliquez sur le bouton Appliquer, dans le panneau de réglages : l'image recadrée s'affiche dans l'interface d'édition.

09 ANNULER DES CORRECTIONS

Chaque fois que vous effectuez une correction dans l'interface d'édition de Picasa, un bouton apparaît vous permettant d'annuler immédiatement l'opération. Mais vous pouvez également annuler des corrections après votre retour dans la photothèque. Sélectionnez l'une des photos que vous avez corrigées et ouvrez-la dans la fenêtre d'édition. En dessous des commandes de correction s'affiche un bouton Annuler +, cliquez dessus pour annuler la dernière correction.

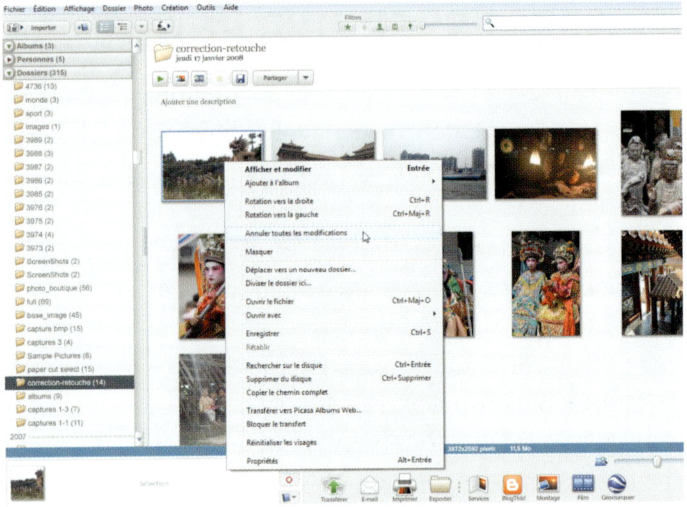

10 ANNULER LES MODIFICATIONS

Si vous avez effectué plusieurs corrections sur une même image, le bouton Annuler change de libellé et vous permet d'annuler une par une les corrections précédentes.
Mais si vous souhaitez revenir à l'image de départ, mieux vaut procéder autrement : revenez dans la photothèque, cliquez droit sur la vignette de l'image, et choisissez Annuler toutes les modifications dans le menu contextuel qui s'affiche. Picasa ouvre alors une boîte de dialogue de confirmation; cliquez sur le bouton Supprimer les modifications.

11 CORRIGER L'ÉCLAIRAGE

À l'étape 06, vous avez vu comment améliorer une photo trop sombre à l'aide de la commande Éclairage d'appoint. Mais si vous souhaitez corriger indépendamment les zones sombres et les zones claires de l'image, vous devrez utiliser les commandes de l'onglet Réglages.
Dans le dossier Correction-retouche, sélectionnez le cliché qui suit celui du personnage à la lance bleue et ouvrez-le dans l'interface d'édition. Rendez-vous ensuite dans le panneau de réglages, à gauche de l'écran et cliquez sur l'onglet Réglages.

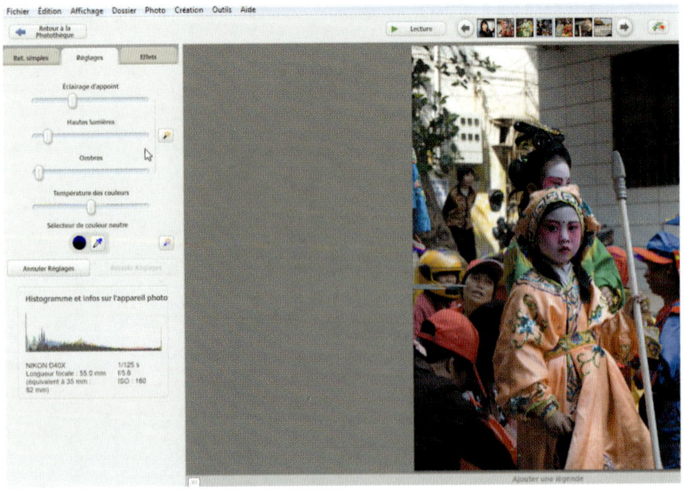

12 L'ONGLET RÉGLAGES

Picasa affiche trois nouvelles commandes : Éclairage d'appoint, Hautes lumières et Ombres. Commencez par ajuster l'éclairage global de l'image, en faisant glisser le curseur Éclairage d'appoint vers la droite.
Puis éclaircissez les zones claires de la photo en utilisant le curseur Hautes lumières que vous déplacerez légèrement vers la droite, et pour terminer, renforcez les ombres à l'aide du curseur Ombres. Si vous ne savez pas trop quel réglage adopter, cliquez sur le bouton baguette magique, à droite du curseur Hautes lumières, pour appliquer une correction automatique.

13 DOMINANTE DE COULEUR

En dessous des réglages d'éclairage, Picasa affiche deux commandes supplémentaires, destinées à corriger les dominantes de couleur. Revenez sur la première photo du dossier Correction-retouche, supprimez les éventuelles corrections que vous y avez apporté et activez l'onglet Réglages. Cliquez sur la pipette de la rubrique Sélecteur de couleur neutre, puis cliquez sur une zone blanche ou grise de la photo ; Picasa supprime la dominante de couleur. Si la correction ne vous convient pas, cliquez à nouveau sur la pipette, puis cliquez sur une autre zone de l'image.

14 CORRIGER LA SATURATION

Certaines photos du dossier Correction-retouche présentent des couleurs un peu délavées, qui manquent d'intensité. Pour corriger ce problème, vous utiliserez un réglage de saturation. Activez l'onglet Effets, en haut du panneau de réglages, puis cliquez sur la commande Saturation ; Picasa affiche le curseur de réglage Saturation. Déplacez ce dernier légèrement vers la droite : les couleurs de la photo sont ravivées. Validez votre réglage en cliquant sur le bouton Appliquer, puis tapez la touche Retour pour revenir à la photothèque.

CORRIGER UNE SUREXPOSITION

Si vous avez tenté de corriger une photo surexposée à l'aide de la commande Éclairage d'appoint ou de celles de l'onglet Réglages, vous avez constaté que c'était impossible. En effet, aussi curieux que cela puisse paraître, Picasa ne dispose d'aucune commande qui permette de corriger ce type de problème. La seule solution dans ce cas, est de recourir à une autre application de retouche d'images comme PhotoFiltre.

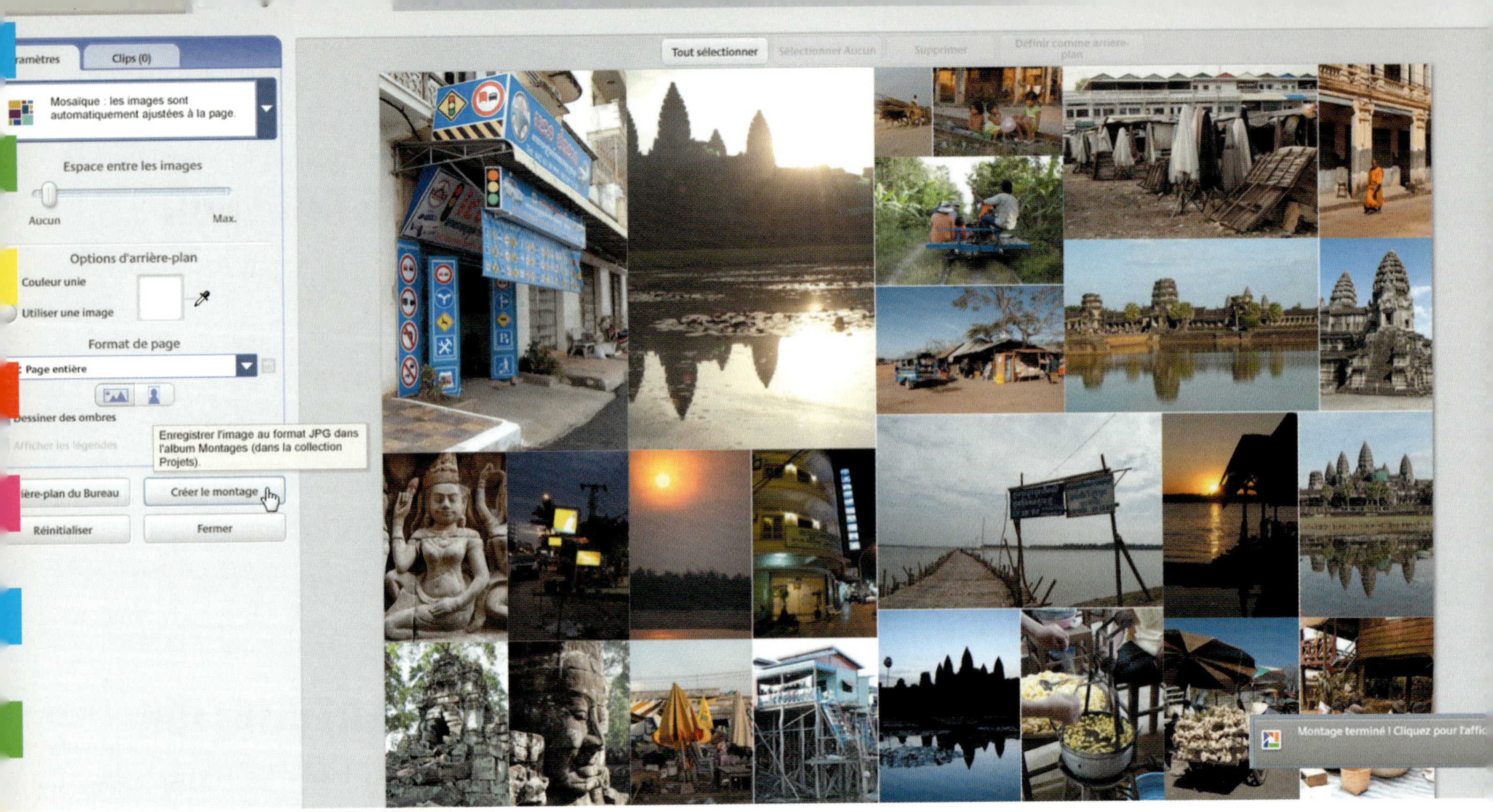

CRÉER UN PHOTOMONTAGE

Le photomontage n'est pas qu'une affaire de spécialistes. En effet, avec son interface Montage, Picasa vous ouvre les portes de la créativité.

EXERCICE 13
DURÉE : 50MNS
Step By Step

Créer un collage de photos, une mosaïque d'images, une planche-contact... Autant de manipulations dont vous rêvez peut-être, si vous souhaitez aller plus loin que le simple catalogage et la gestion de votre photothèque. Mais vous pensez que ce type de créations est réservé aux professionnels équipés de Photoshop. Détrompez-vous !

Si Picasa ne permet pas de détourer un personnage et de le placer dans un nouveau décor, il permet toutefois de réaliser des montages simples, comme des collages de photos ou des mosaïques d'images. Dans cet exercice, vous allez donc découvrir l'interface Montage qui vous fournira tous les outils nécessaires à ce genre de manipulations. Et si le premier résultat ne vous convient pas, vous aurez toujours la possibilité de le rééditer.

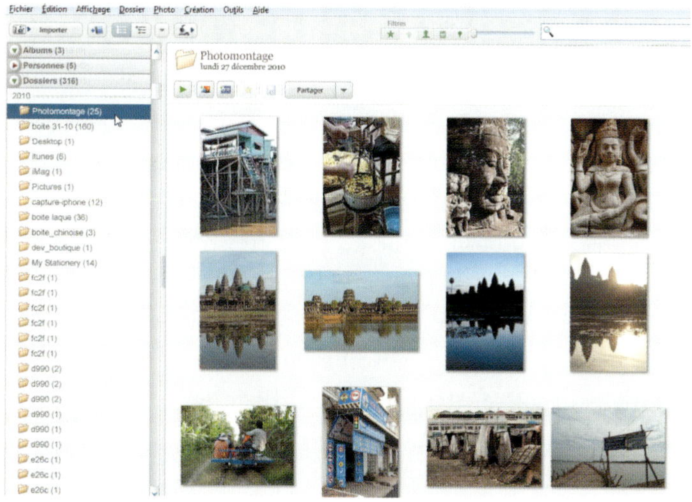

01 IMPORTER LES PHOTOS

Dans cet exercice vous utiliserez des photos livrées sur le CD qui accompagne ce livre. Après avoir inséré le disque dans votre PC et démarré Picasa, activez la commande Importer, située en haut à gauche de l'écran ; l'application affiche son interface d'import (voir exercice 3). Dans la rubrique À partir de, choisissez l'option Dossier et naviguez jusqu'au dossier Exercice 13 ; le contenu du dossier s'affiche à l'écran. Créez un nouveau dossier de destination, nommé Photomontage, et cliquez sur le bouton Tout importer ; Picasa génère un nouveau dossier qui apparaît dans la liste des dossiers de son interface principale.

02 L'INTERFACE MONTAGE

Assurez-vous que le contenu du dossier Photomontage s'affiche bien dans l'interface principale. Ne sélectionnez aucune photo et cliquez sur le bouton Créer un montage situé à droite de la flèche verte, en dessous du nom du dossier ; Picasa ouvre alors l'interface Montage et affiche un nouvel onglet en haut de l'écran. Dans la partie gauche de l'écran, cliquez sur l'étiquette Pile d'images ; l'application affiche alors un menu listant les différents types de montages que vous pouvez réaliser. Pour refermer la fenêtre Montage, cliquez sur la case de fermeture située à droite de son onglet.

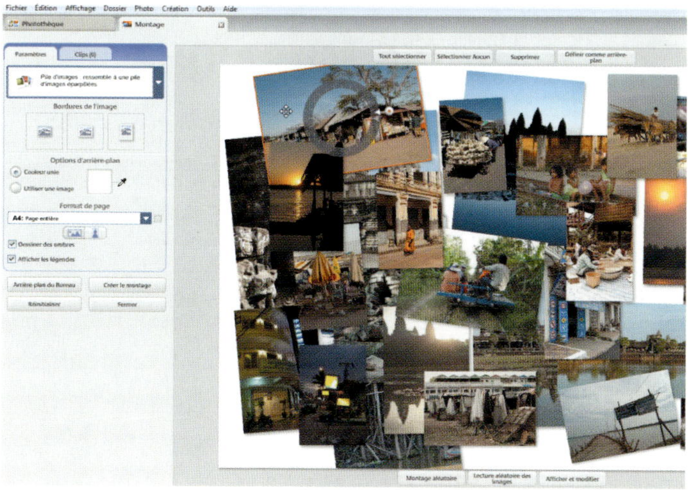

03 PREMIER MONTAGE

Pour commencer, vous allez créer un collage de photos à l'aide de la fonction Pile d'images. Si vous avez refermé la fenêtre Montage, rouvrez-la : dans la partie droite de l'écran s'affiche une prévisualisation du montage par défaut (Pile d'images). Dans le panneau de réglage (à gauche de l'écran), cliquez sur le menu Format de page et choisissez la taille du document. Remontez ensuite en haut du panneau et choisissez une option de bordure d'images, en cliquant sur l'une des icônes. Revenez dans le panneau principal et réorganisez les photos, en effectuant un cliquer-glisser sur les images que vous souhaitez déplacer.

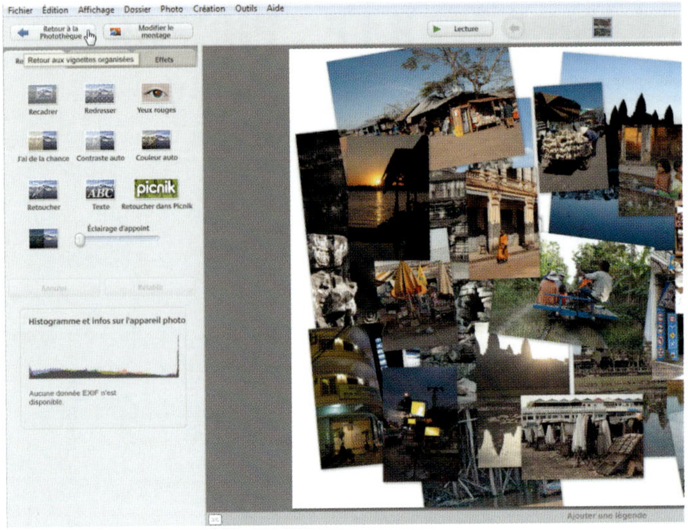

04 ENREGISTRER LE MONTAGE

Cliquez droit sur une image et choisissez Déplacer vers le haut ou Déplacer vers le bas pour renvoyer une image au premier plan ou l'arrière-plan. Si vous souhaitez modifier la disposition de l'ensemble des images, cliquez sur le bouton Montage aléatoire, en dessous de la zone de prévisualisation. Une fois la composition finalisée, cliquez sur le bouton Créer le montage, dans le panneau de réglages ; Picasa calcule le rendu et affiche le collage dans sa fenêtre d'édition. Tapez sur la touche Retour pour revenir à la photothèque. Vous constaterez que celle-ci affiche un nouveau dossier Montages qui contient votre collage.

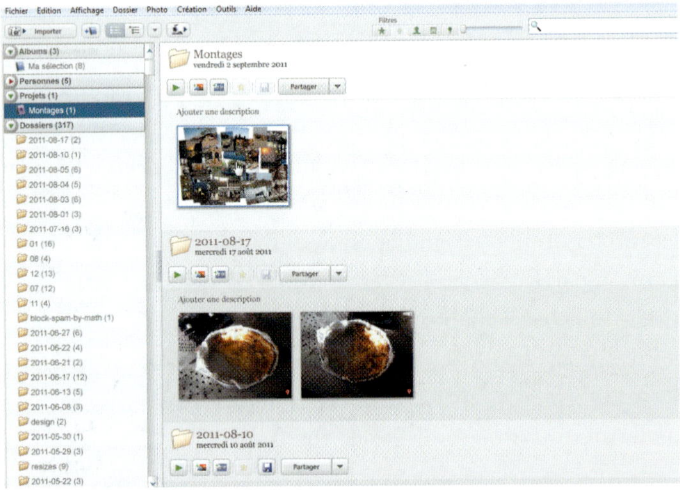

05 RÉÉDITER LE MONTAGE

Si vous détaillez le panneau gauche qui liste les dossiers, vous y trouverez une nouvelle rubrique Projets et le dossier Montages. À présent, vous souhaitez modifier le collage ; double-cliquez sur sa vignette pour l'afficher dans la fenêtre d'édition, puis cliquez sur le bouton Modifier le montage qui s'affiche en haut de l'écran. Vous retrouvez alors l'interface Montage que vous avez utilisée aux étapes 03 et 04. Faites les modifications nécessaires, puis cliquez sur le bouton Créer le montage, pour enregistrer ces changements. Picasa vous ramène dans la fenêtre d'édition ; tapez sur la touche Retour pour revenir à la photothèque.

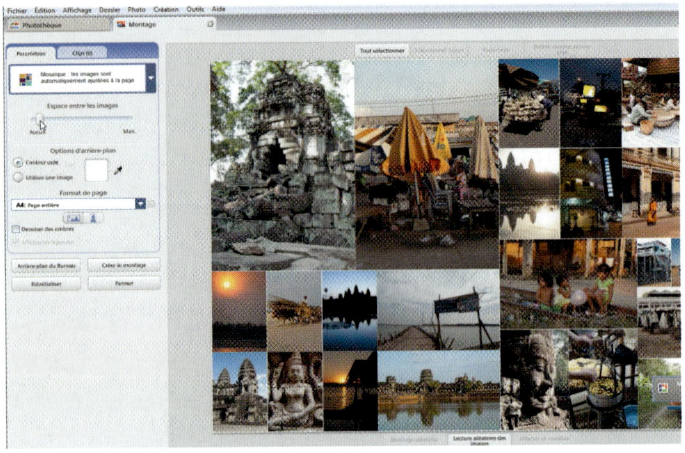

06 CRÉER UNE MOSAÏQUE

Le dossier Photomontage étant sélectionné dans la photothèque, cliquez sur le bouton Créer un montage situé sous le titre du dossier : Picasa ouvre la fenêtre Montage. Affichez la liste des types de montage dans le panneau de réglage et choisissez Mosaïque ; une prévisualisation du montage s'affiche dans le panneau principal. À partir de là, vous allez retravailler la mosaïque : commencez par régler la taille du document dans le panneau de réglage, puis ajustez l'espace entre les images, à l'aide du curseur situé en haut du panneau.

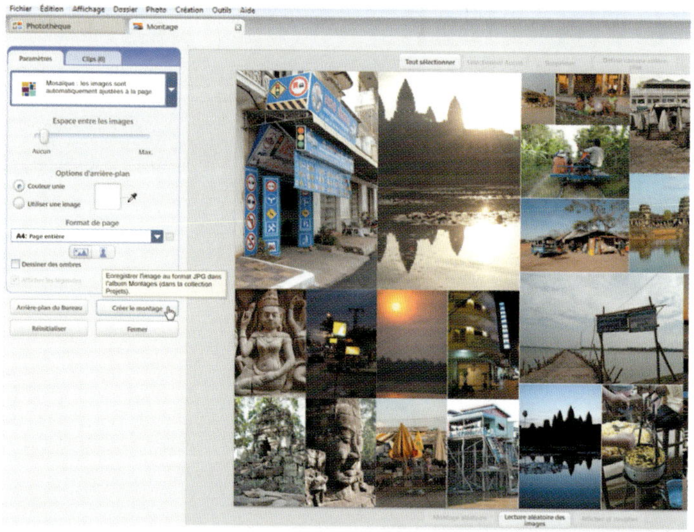

07 RÉGLER LA MOSAÏQUE

Pour supprimer une image, cliquez sur celle-ci dans le montage et tapez sur la touche Suppr. Si vous souhaitez permuter deux images, cliquez sur la première et faites-la glisser sur l'emplacement de la seconde. Vous pouvez également réorganiser l'ensemble des photos en cliquant sur le bouton Lecture aléatoire des images, en dessous de la zone de prévisualisation. Une fois le montage calé, cliquez sur le bouton Créer le montage, dans le panneau de réglage ; Picasa calcule la mosaïque et l'affiche dans la fenêtre d'édition. Revenez à la photothèque en tapant sur la touche Retour.

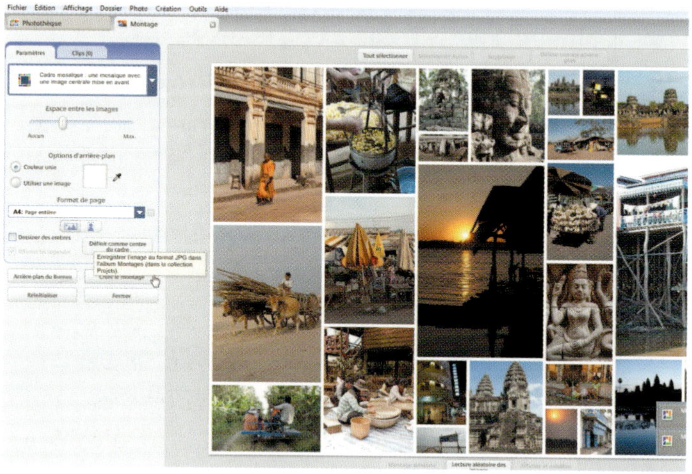

08 CRÉER UN CADRE MOSAÏQUE

Sélectionnez à nouveau le dossier Photomontage dans la photothèque et cliquez sur le bouton Créer un montage : Picasa ouvre la fenêtre Montage. Dans la liste des types de montage, choisissez Cadre Mosaïque ; une prévisualisation du montage s'affiche dans le panneau principal. Contrairement au montage précédent, ici, Picasa place une photo au centre de la composition. Personnalisez le montage, comme vous l'avez fait pour la mosaïque, puis cliquez sur le bouton Créer le montage.

09 CRÉER UNE GRILLE DE PHOTOS

Sélectionnez à nouveau le dossier Photomontage dans la photothèque et cliquez sur le bouton Créer un montage : Picasa ouvre la fenêtre Montage. Dans la liste des types de montage choisissez Grille ; une prévisualisation du montage s'affiche dans le panneau principal. Ici, toutes les photos ont la même dimension. Vous pouvez les permuter entre elles, en effectuant un cliquer-glisser, supprimer une des photos à l'aide de la touche Suppr, et régler l'espace entre les images, via le curseur situé en haut du panneau de réglages.

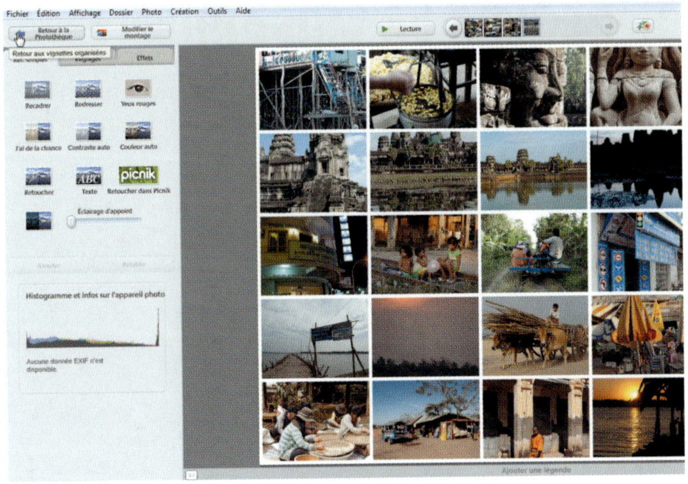

10 FINALISER LA GRILLE DE PHOTOS

Une fois la grille de photos mise au point, validez votre création à l'aide du bouton Créer le montage, du panneau de réglages. Picasa calcule alors le rendu et l'affiche dans la fenêtre d'édition.
Revenez à la photothèque, en tapant la touche Retour.

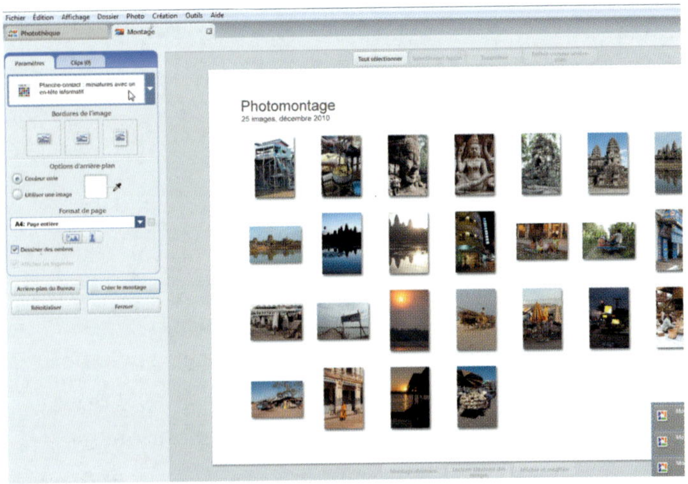

11 UNE PLANCHE-CONTACT

Dans la photothèque, sélectionnez à nouveau le dossier Photomontage ; cette fois vous allez créer une planche-contact. Cliquez sur le bouton Créer un montage : Picasa ouvre la fenêtre Montage. Dans la liste des types de montage choisissez Planche-contact ; une prévisualisation du montage s'affiche dans le panneau principal. Ici, Picasa affiche le contenu du dossier sous forme de simples vignettes, surmontées du nom du dossier. Rendez-vous dans le panneau de réglages pour choisir les options de présentation.

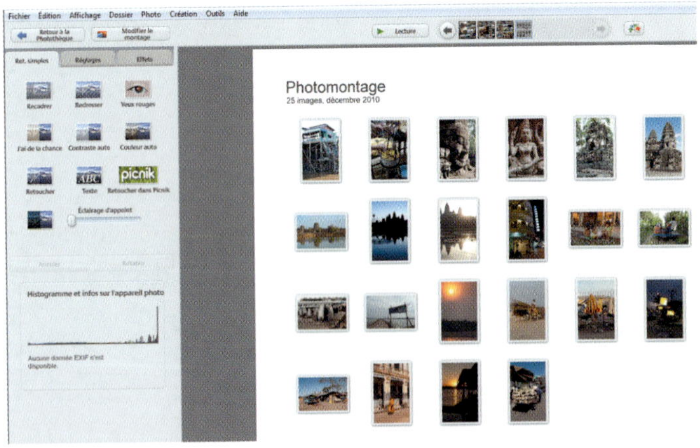

12 RÉGLER LA PLANCHE-CONTACT

Commencez par choisir un format de page, puis réglez les options de bordure, en cliquant sur l'une des trois vignettes situées en haut du panneau. Si vous souhaitez supprimer l'effet d'ombre portée, décochez l'option Dessiner des ombres. Une fois la planche-contact mise au point, validez votre création à l'aide du bouton Créer le montage. Picasa calcule alors le rendu et l'affiche dans la fenêtre d'édition. Revenez à la photothèque en tapant la touche Retour.

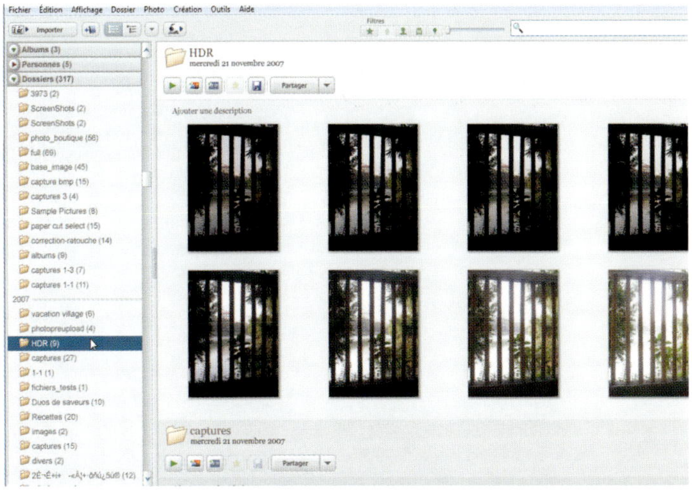

13 IMPORTER DES PHOTOS

Pour réaliser le dernier type de montage, vous allez importer de nouvelles photos depuis le CD qui accompagne ce livre. Après avoir inséré le disque dans votre PC et démarré Picasa, activez la commande Importer, située en haut à gauche de l'écran ; l'application affiche son interface d'import (voir exercice 3). Dans la rubrique À partir de, choisissez l'option Dossier et naviguez jusqu'au dossier Exercice 13-2 pour afficher le contenu du dossier. Créez un nouveau dossier de destination nommé HDR et cliquez sur le bouton Tout importer ; Picasa génère un nouveau dossier et l'affiche dans son interface principale.

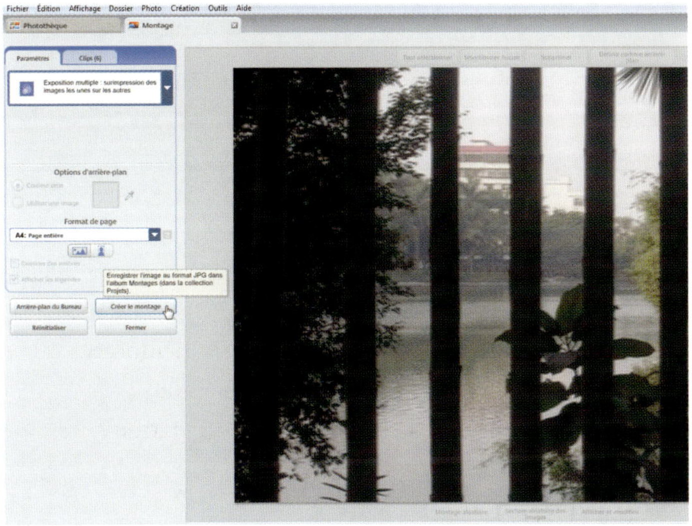

14 EXPOSITION MULTIPLE

De retour dans la photothèque, sélectionnez le dossier HDR pour afficher son contenu. Pressez la touche Ctrl, puis sélectionnez la première photo, la quatrième et la dernière de la série. Cliquez ensuite sur le bouton Créer un montage : Picasa ouvre la fenêtre Montage. Dans le panneau de réglages, sélectionnez Exposition Multiple ; l'application calcule la superposition des trois clichés et affiche le montage dans sa zone de prévisualisation. Si le résultat vous convient, validez-le à l'aide du bouton Créer le montage. Sinon, cliquez sur le bouton Fermer, sélectionnez d'autres photos et relancez la commande.

RÉUSSIR UNE SUPERPOSITION DE PHOTOS

La commande Exposition Multiple permet de fusionner plusieurs clichés d'une même scène pris avec des réglages d'exposition différents. Pour obtenir un bon résultat, trois clichés suffisent : un cliché normal, un cliché sous-exposé et un surexposé. Mais attention, utilisez un pied photo de manière à conserver un cadrage identique d'une photo sur l'autre.

EFFETS SPÉCIAUX

Du virage sépia au flou artistique, le panneau Effets de Picasa regroupe un ensemble de filtres utilitaires et créatifs.

EXERCICE 14
DURÉE : 50MIN
Step By Step

Dans l'exercice 12, vous avez découvert comment corriger et améliorer des clichés, en utilisant les commandes des onglets Retouches simples et Réglages de la fenêtre d'édition. Vous avez également utilisé la commande Saturation de l'onglet Effets.
Ici, nous allons revenir sur les commandes regroupées dans cet onglet Effets, et vous découvrirez que parmi celles-ci, certaines sont presque indispensables, comme N&B, Réchauffer les couleurs, Saturation ou Dégradé supérieur. Alors que d'autres sont plus anecdotiques : Coloration, Flou artistique… Quoi qu'il en soit, à l'instar des autres commandes de Picasa, celles de l'onglet Effets, peuvent être annulées à tout moment.

01 NETTETÉ

Dans la partie gauche de l'écran, sélectionnez le dossier Photomontage que vous avez créé à l'exercice 12, puis double-cliquez sur le cliché du bas-relief pour ouvrir l'image dans la fenêtre d'édition. Dans le panneau de réglage, cliquez sur l'onglet Effets, puis sur la vignette Netteté ; le panneau affiche alors un curseur de réglage. Faites-le glisser légèrement vers la droite pour renforcer la netteté de l'image, puis cliquez sur le bouton Appliquer pour valider le réglage ; Picasa enregistre le réglage et revient à la liste des commandes de la rubrique Effets, vous permettant de sélectionner une autre commande.

02 SÉPIA ET N&B

Annulez le réglage de netteté à l'aide du bouton Annuler Netteté qui s'affiche sous la liste des commandes. Cliquez sur la commande Sépia ; la photo s'affiche en sépia, comme un vieux tirage des débuts de la photographie. Revenez à l'image originale en cliquant sur le bouton Annuler Sépia, puis cliquez sur la commande N&B. Les couleurs sont supprimées, l'image est convertie en noir et blanc. Annulez le réglage N&B et tapez la touche Retour pour revenir à la photothèque.

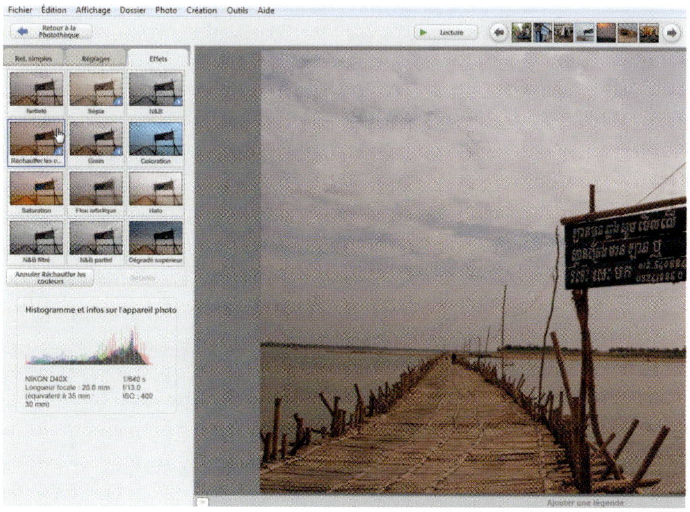

03 RÉCHAUFFER LES COULEURS

Dans le dossier Photomontage, sélectionnez la photo du pont en bambou, puis tapez la touche Retour pour l'afficher dans la fenêtre d'édition. Avec ses dominantes bleues, la photo est un peu froide, vous allez la réchauffer à l'aide de l'effet Réchauffer les couleurs. Activez l'onglet Effets et cliquez sur la commande Réchauffer les couleurs : Picasa applique un filtre orangé à l'image, qui réchauffe l'ensemble des couleurs. Pour annuler l'effet, cliquez sur le bouton Annuler Réchauffer les couleurs.

04 AJOUTER DU GRAIN

Pour donner de la matière à certains clichés ou pour retrouver l'aspect d'un tirage argentique, l'onglet Effets de la fenêtre d'édition propose la commande Grain. Refermez la fenêtre d'édition à l'aide de la touche Retour, puis sélectionnez la photo de bas-relief utilisée plus haut, ouvrez-la dans la fenêtre d'édition et choisissez la commande Grain. Pour mieux apprécier le résultat, descendez dans la barre d'icônes, en bas de l'écran, et cliquez sur le bouton situé à gauche du curseur de zoom, afin d'afficher la photo à sa taille réelle. Pour revenir à la taille écran, cliquez sur le bouton qui jouxte le premier.

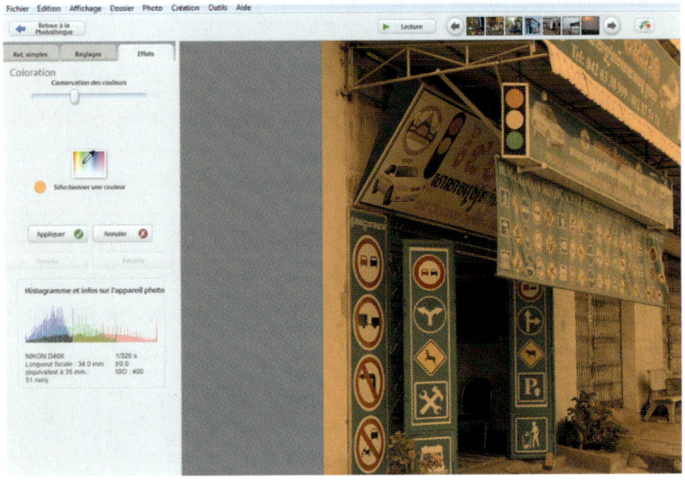

05 COLORATION

Revenez dans la photothèque et éditez la photo de l'auto-école. Dans le panneau de réglage, choisissez Coloration dans l'onglet Effets : cette commande permet de créer une photo monochrome dans la couleur de votre choix ou de teinter légèrement un cliché pour lui donner l'aspect d'une vieille photo aux couleurs fanées. Cliquez dans le nuancier situé au centre du panneau : la couleur est appliquée à l'ensemble de l'image. Pour faire remonter partiellement les couleurs de l'image originale, faites glisser le curseur situé en haut du panneau de réglages.

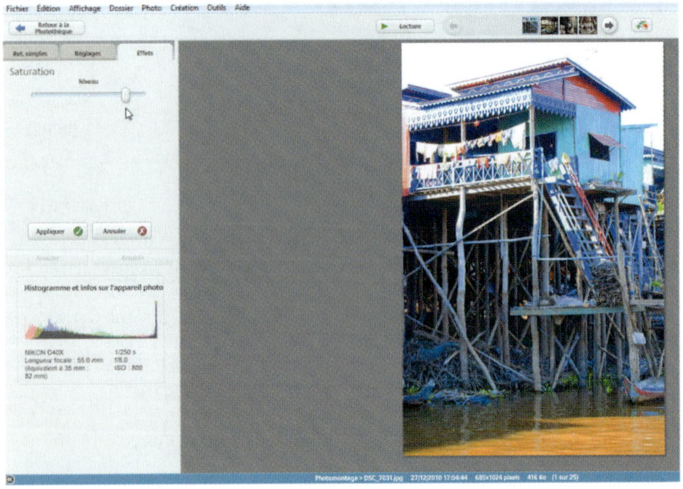

06 SATURATION

Revenez dans la photothèque et éditez la photo des maisons sur pilotis. Dans le panneau de réglage, choisissez la commande Saturation de l'onglet Effets : cette commande permet de renforcer les couleurs de l'image (ou à l'inverse, de les supprimer pour produire une photo en niveaux de gris). Pour augmenter l'intensité des couleurs, déplacez légèrement vers la droite le curseur situé en haut du panneau. Puis validez le réglage à l'aide du bouton Appliquer. Si l'image doit être imprimée, ne forcez pas trop les couleurs, l'imprimante serait incapable de les restituer correctement.

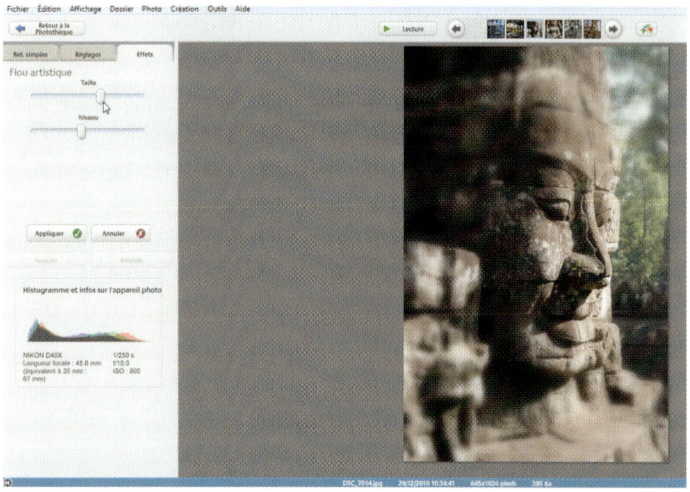

07 FLOU ARTISTIQUE/HALO

Revenez dans la photothèque et éditez la photo de la tête sculptée. Dans le panneau de réglages, choisissez la commande Flou artistique de l'onglet Effets : cette commande permet de flouter la périphérie d'un sujet pour renforcer l'effet de profondeur de champ. Cliquez-glissez sur la croix verte qui s'affiche au milieu de l'image, pour définir le centre de netteté. Puis ajustez la taille de la zone de netteté et l'intensité du flou, via les curseurs Taille et Niveau. Cliquez sur le bouton Annuler, puis lancez la commande Halo ; cette dernière dispose de réglages identique mais affiche un halo à la périphérie de l'image.

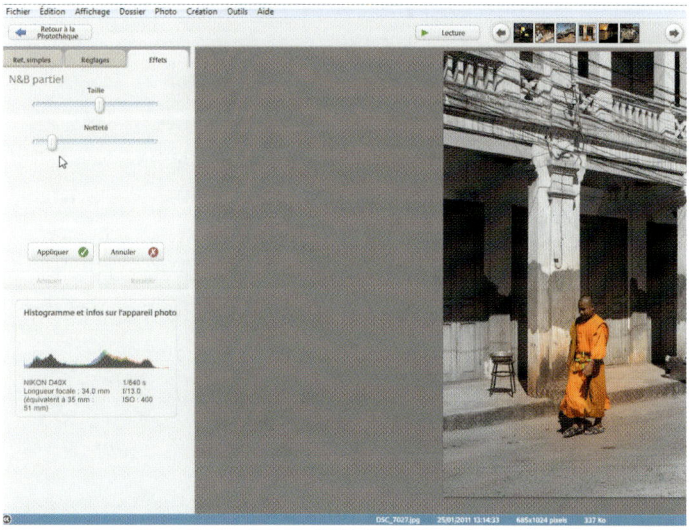

08 N&B FILTRÉ/PARTIEL

Revenez dans la photothèque et sélectionnez le cliché du bonze, ouvrez-le dans la fenêtre d'édition, puis activez la commande N&B Filtré de l'onglet Effets : celle-ci produit une image en noir et blanc dont le rendu peut être contrôlé avec un filtre de couleur ; cliquez dans la gamme de couleurs qui s'affiche dans le panneau de réglages pour modifier le résultat. Annulez la commande, puis choisissez N&B Partiel : l'image est convertie en noir et blanc, à l'exception d'une zone circulaire qui conserve ses couleurs. Utilisez les curseurs Taille et Netteté pour modifier la taille du disque de couleur et le flou de sa périphérie.

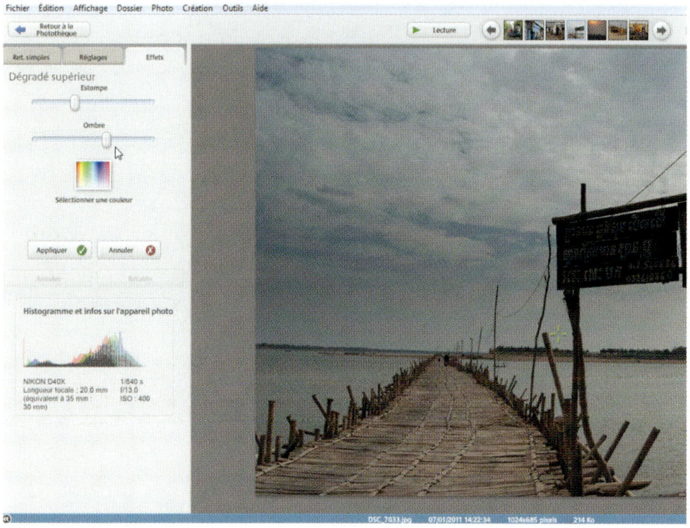

09 DÉGRADÉ SUPÉRIEUR

Revenez dans la photothèque et rééditez la photo du pont de bambou. Dans le panneau de réglages, choisissez la dernière commande de l'onglet Effets : cette commande permet, entre autres, de renforcer le contraste d'un ciel nuageux, à l'aide d'un dégradé en niveaux de gris. Déplacez la croix verte affichée sur l'image pour modifier l'étendue du dégradé. Puis revenez dans le panneau de réglages, ajustez l'intensité de l'effet à l'aide du curseur Ombre et sa fusion avec l'arrière-plan à l'aide du curseur Estompe. Vous pouvez également choisir une couleur dans le nuancier (le marron, par exemple), pour produire un effet particulier.

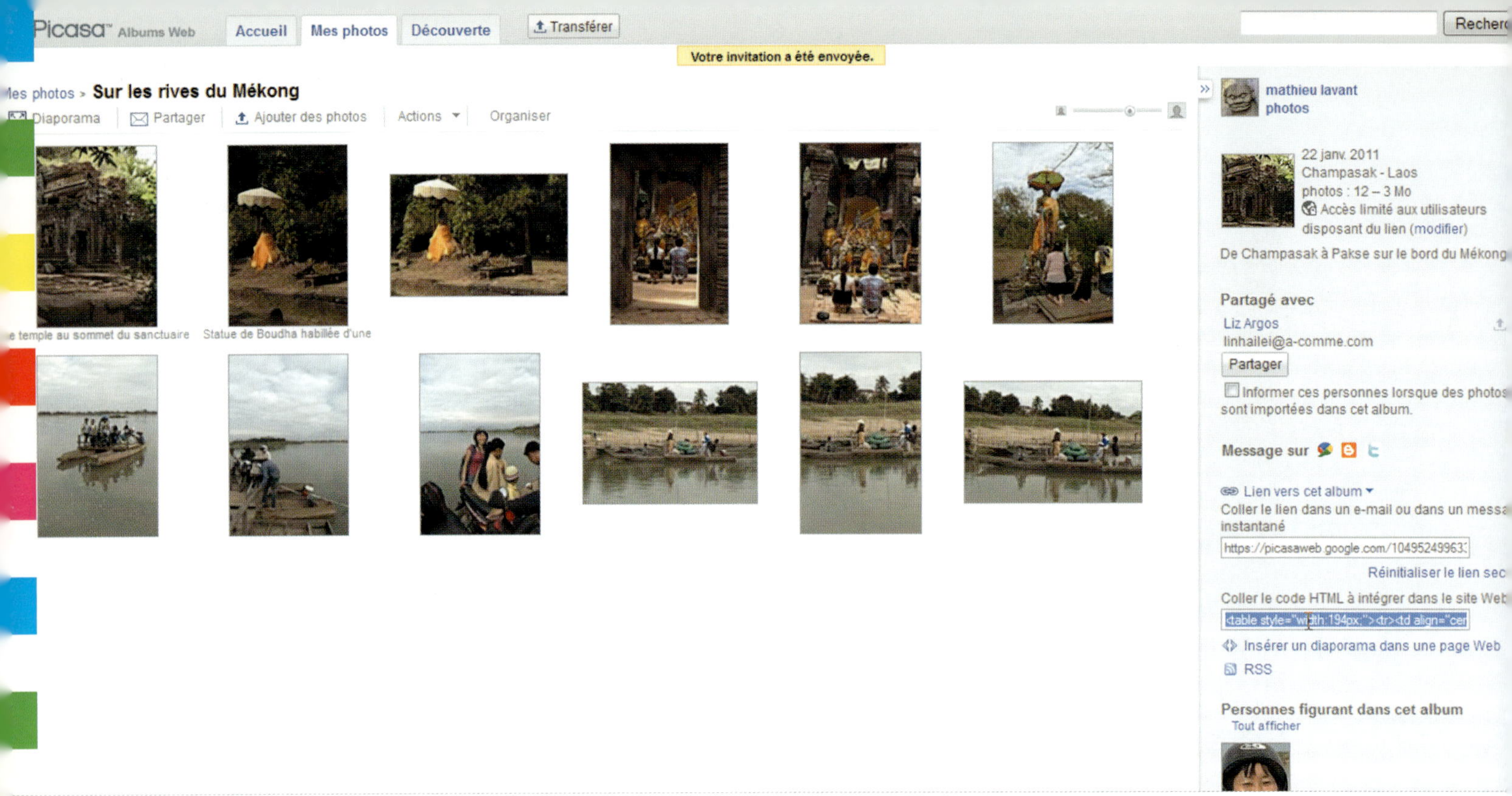

PUBLIER VOS PHOTOS EN LIGNE

Pas besoin d'être un spécialiste pour publier vos photos sur le Web, avec Picasa Album Web l'opération se fait en quelques clics.

EXERCICE 15
DURÉE : 20MIN

Pour publier une galerie de photos sur le Web, les solutions sont nombreuses, du portail Windows Live, qui est gratuit et facilement accessible depuis votre PC, jusqu'à Dreamweaver, l'outil de création de sites professionnels. Mais à partir du moment où vous avez adopté Picasa pour gérer votre photothèque, la solution la plus simple est d'exploiter Picasa Album Web, une fonctionnalité intégrée, qui vous permettra de publier les photos de votre choix sans quitter l'application.

Comme vous allez le découvrir dans cet exercice, Picasa Album Web permet de mettre en ligne une ou plusieurs galeries de photos et de choisir avec qui les partager. Vous pourrez ainsi créer une galerie de photos publique, ou bien restreindre son accès à quelques amis triés sur le volet. À vous de voir.

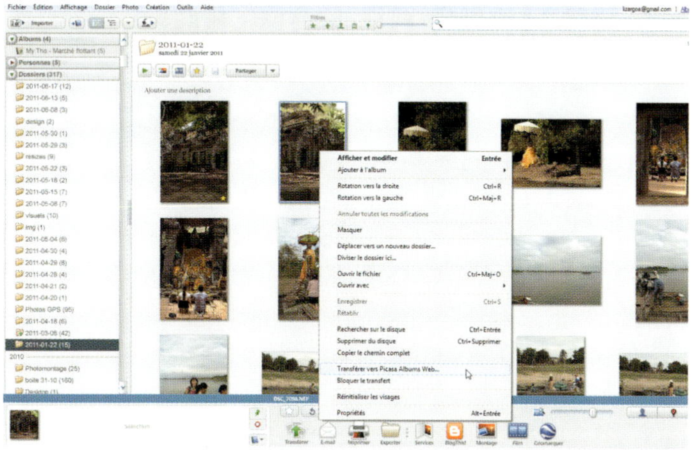

01 SÉLECTIONNER LES PHOTOS

Après avoir démarré Picasa, ouvrez le dossier contenant les photos que vous souhaitez publier en cliquant sur son nom, dans la liste située à gauche de l'écran. Si vous avez réuni les photos à publier dans un album, cliquez sur le nom de celui-ci dans le haut de la liste. Sélectionnez ensuite les photos en cliquant sur leur vignette avec la touche Contrôle enfoncée, ou bien cliquez-glisser autour d'un groupe de vignettes contiguës. Une fois la sélection effectuée, cliquez droit sur l'une des vignettes pour afficher le menu contextuel.

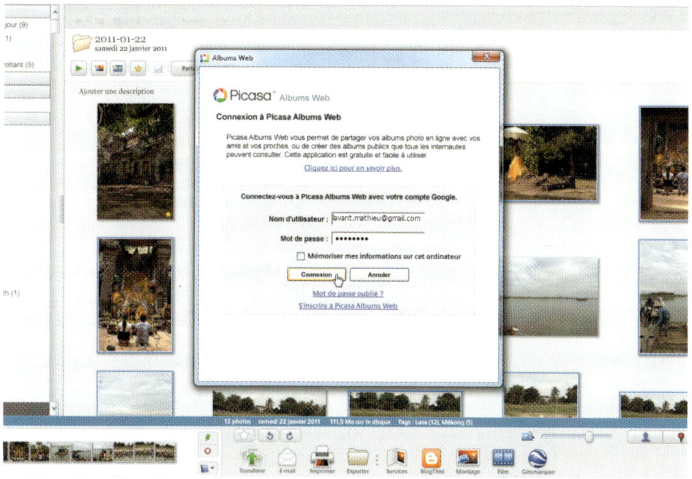

02 PREMIÈRE CONNEXION

Choisissez la commande Transférer vers Picasa Albums Web. Si vous utilisez ce service pour la première fois, Picasa affiche sa boîte de dialogue de connexion. Saisissez votre adresse email Google, puis le mot de passe de votre compte, et cliquez sur le bouton Connexion. Si vous n'avez pas encore de compte Google Mail, refermez la boîte de dialogue de connexion, lancez votre navigateur Web et allez à l'adresse suivante : http://mail.google.com/mail/signup. Remplissez le formulaire d'inscription et validez-le. La création du compte est instantanée. Revenez ensuite dans Picasa, et reprenez le début de l'exercice.

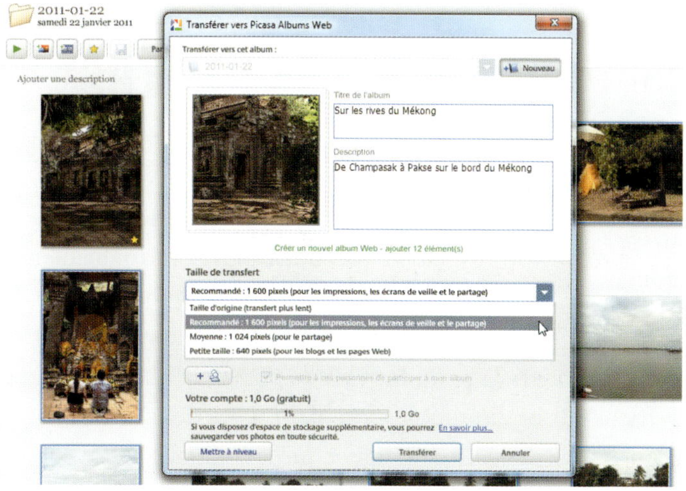

03 CRÉER UN ALBUM

L'application ouvre alors la boîte de dialogue de transfert. Lors de la première connexion, Picasa Albums Web crée automatiquement un nouvel album, doté d'un nom par défaut qui s'affiche en regard de la première photo de l'album. Cliquez sur ce titre pour l'éditer et saisissez le nom de votre choix. Passez ensuite au champ Description, situé juste en dessous, et saisissez une courte description du contenu de l'album. Dans le menu local de la rubrique Taille de transfert, choisissez l'option Recommandée : 1600 pixels. Ceci afin de ne pas mettre en ligne des images haute résolution, trop lourdes à afficher.

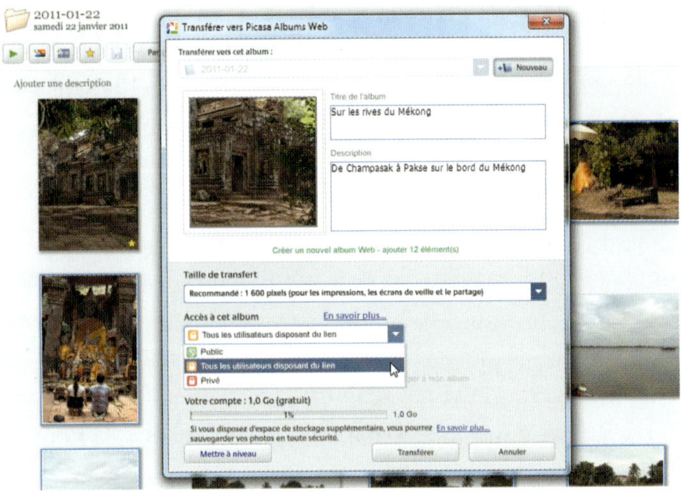

04 OPTIONS DE PARTAGE

Passez ensuite à la rubrique Accès à cet album ; le menu local vous propose trois options de partage que vous pourrez changer après coup. Si vous choisissez Public, vos clichés seront visibles par n'importe quel visiteur parcourant les galeries de photos de Google.
Avec la seconde option, l'album ne sera accessible qu'aux personnes disposant du lien d'accès (lien que vous pourrez envoyer à vos amis, ou placer sur une page de votre site Web). Enfin, avec l'option Privé, l'accès à la galerie ne se fera que sur invitation. Ici, vous allez choisir, la seconde option : Tous les utilisateurs disposant du lien.

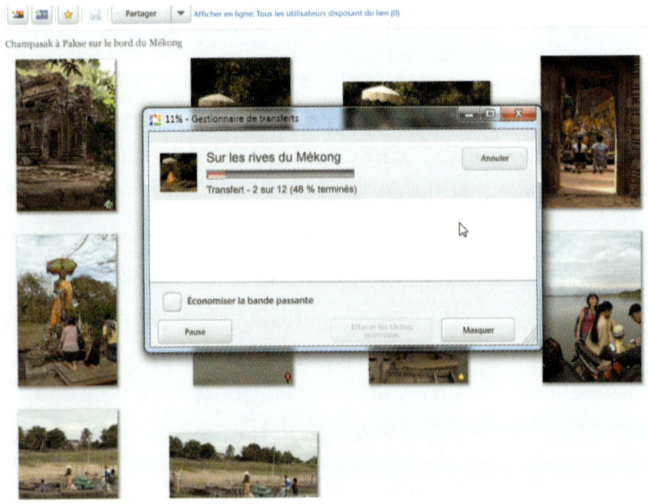

05 LE TRANSFERT

Une fois ces réglages effectués, cliquez sur le bouton Transférer pour lancer le transfert des fichiers. Picasa ouvre la boîte de dialogue Gestionnaire de transferts qui affiche la progression de l'envoi des fichiers sur le serveur et vous informe de la fin de la tâche. En fin de transfert, la boîte de dialogue affiche dans son angle supérieur droit le bouton Afficher en ligne, cliquez sur ce dernier. Picasa lance votre navigateur Web et affiche l'album photo sous la forme d'une planche de vignettes.

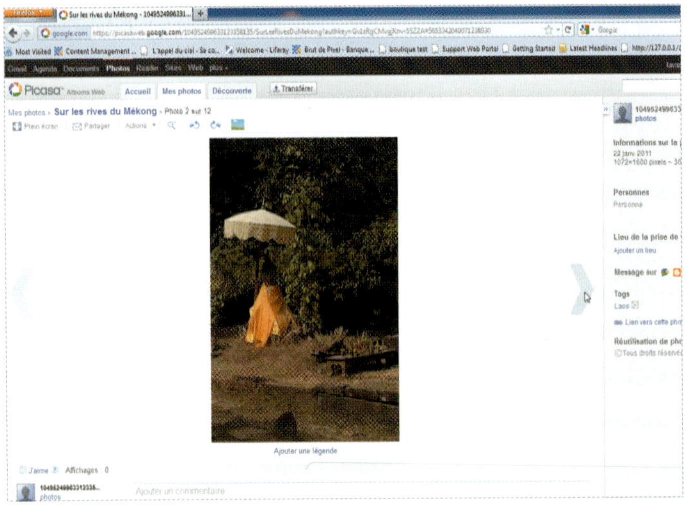

06 PARCOURIR LES PHOTOS

Cliquez sur la première vignette de l'album, Picasa Albums Web affiche l'image en grand format, avec à sa droite une flèche grise qui vous permettra d'afficher l'image suivante. Si vous souhaitez parcourir plus confortablement l'ensemble de la galerie, utilisez le mode Diaporama. Cliquez sur le bouton Plein Écran situé en haut à gauche de l' Écran, en dessous du nom de la galerie : la photo s'affiche sur un fond noir, doté dans sa partie inférieure d'une barre de lecture. Cliquez sur le bouton Play pour lancer la lecture du diaporama. Chaque cliché est alors affiché durant 3 secondes.

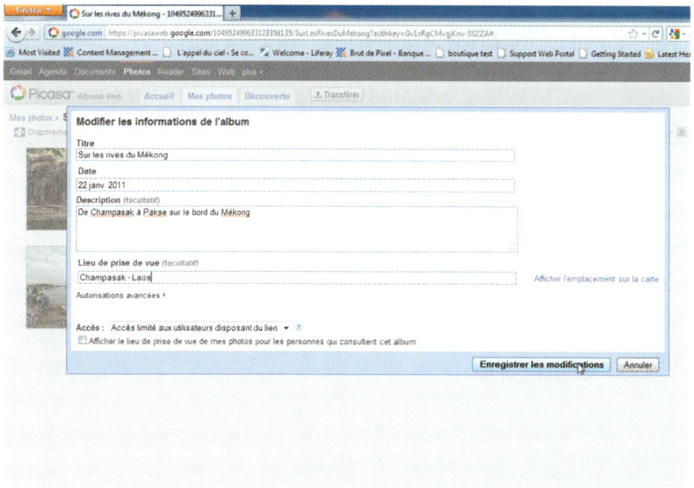

07 PROPRIÉTÉS DE L'ALBUM

Revenez à la galerie en cliquant sur la case de fermeture, à l'extémité droite de la barre de lecture du diaporama. Puis cliquez sur le bouton Actions situé au-dessus des vignettes et choisissez la commande Propriétés de l'album ; Picasa Albums Web affiche la boîte de dialogue des propriétés de l'album. Complétez le champ Description si vous ne l'avez pas rempli lors de la création de l'album. Puis passez au champ Lieu de prise de vue et entrez l'adresse du lieu sous la forme : « rue, ville, pays ». Une fois ces informations complétées, cliquez sur le bouton Enregistrer les modifications.

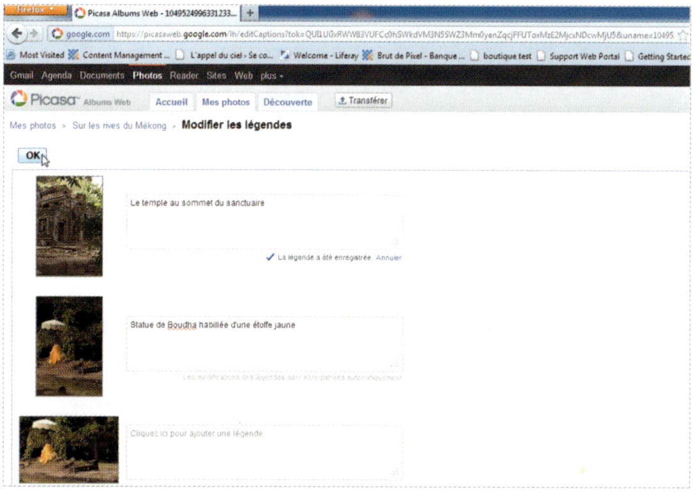

08 LÉGENDES DES PHOTOS

De retour dans la page de la galerie, cliquez à nouveau sur le bouton Actions et choisissez cette fois Légendes ; Picasa Albums Web affiche la liste des vignettes, accompagnées chacunes d'un champ de saisie. Cliquez dans le champ associé à la première photo et saisissez sa légende. Faites de même pour les autres photos. Puis cliquez sur le bouton OK : les légendes sont enregistrées. Vous les retrouverez dans les différentes formes de présentation de l'album : affichage en vignettes, affichage grand format et diaporama.

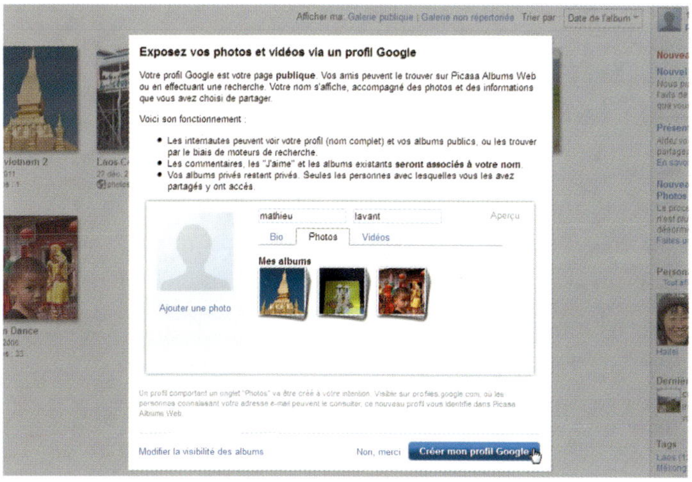

09 ÉTOFFEZ VOTRE PROFIL

À présent, il s'agit de compléter votre profil utilisateur Google, afin de renseigner les visiteurs de votre galerie. Notez que ceci n'a rien d'obligatoire !
Dans la partie droite de l'écran, cliquez sur le lien Présentation de vos photos ; une boîte de dialogue apparaît à l'écran. Cliquez sur le bouton bleu Créer mon profil Google. Si vous avez déjà créé votre profil, cliquez sur le bouton bleu Ajouter à mon profil Google pour ajouter la galerie à votre profil puis cliquez sur le bouton Ajouter une photo : le navigateur affiche votre page de profil Google.

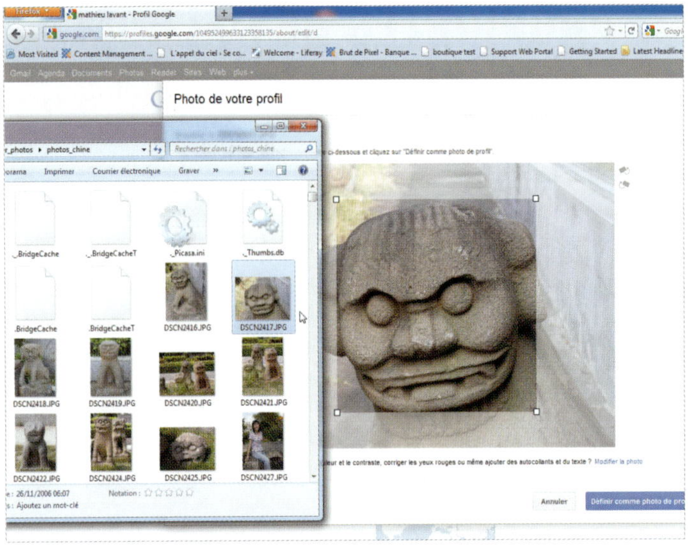

10 CHOISIR UNE PHOTO

Cliquez sur le lien Choisir une photo, situé en dessous de la silhouette dans la partie gauche de la page ; une boîte de dialogue s'affiche dans laquelle vous allez faire glisser la photo que vous avez choisie pour votre profil. Ouvrez une fenêtre de l'Explorateur Windows en cliquant sur le raccourci dans la barre de tâches ; naviguez jusqu'au dossier contenant vos photos, sélectionnez un cliché et faites-le glisser dans la boîte de dialogue à l'arrière-plan. La photo est importée dans votre profil. Si besoin est, ajustez le cadrage à l'aide des poignées du rectangle de recadrage, puis cliquez sur le bouton Définir comme photo de profil.

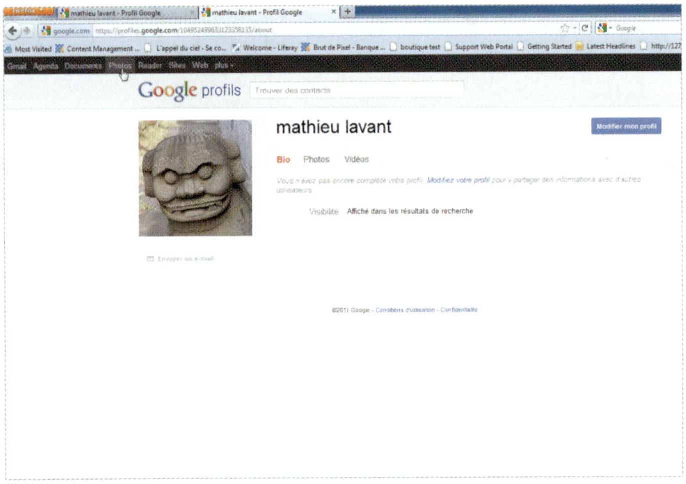

11 COMPLÉTER LE PROFIL

De retour dans la page Profil de Google, complétez les rubriques que vous souhaitez : Introduction, Profession, Formation, etc. Puis cliquez sur le bouton Modifications terminées. Revenez ensuite à votre galerie de photos en ligne en cliquant sur la rubrique Photos, dans la barre de navigation noire, située en haut de la page. Si vous avez géotaggé vos photos, activez l'option Afficher les lieux de prise de vues, en bas du panneau d'informations dans la partie droite de l'écran. Les visiteurs de la galerie pourront ainsi visualiser l'endroit où les clichés ont été pris.

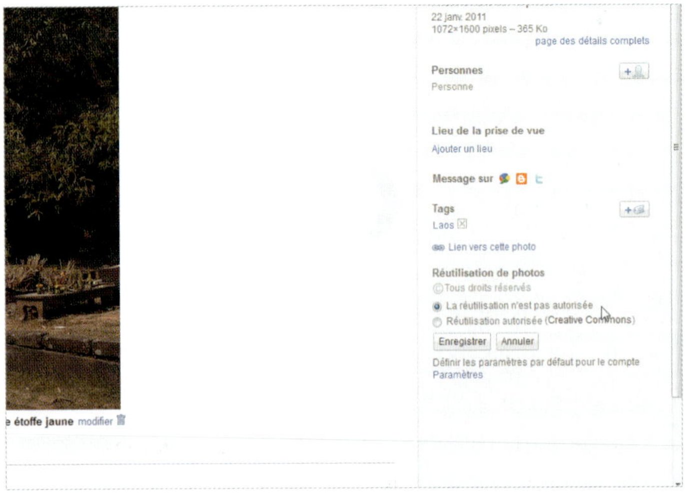

12 DROITS D'UTILISATION

Pour terminer, vous pouvez définir les droits d'utilisation des photos. Par défaut, les clichés sont en "droits réservés" ce qui n'empêchera pas des visiteurs peu scrupuleux de les télécharger pour les réutiliser. Si vous souhaitez autoriser la réutilisation des photos, affichez le premier cliché de la galerie, puis cliquez sur le lien Modifier de la rubrique Réutilisation des photos (en bas à droite de la page) ; Picasa Albums Web affiche alors les options disponibles. Activez l'option Réutilisation autorisée, puis validez le réglage via le bouton Enregistrer. Répétez ensuite l'opération pour vos autres clichés.

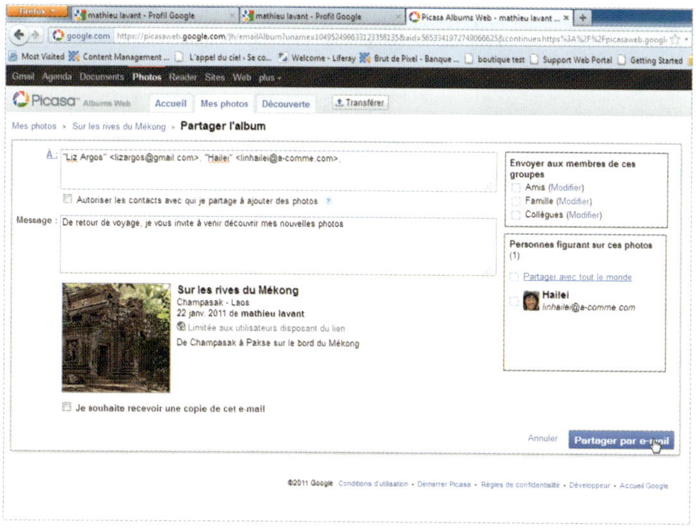

13 PARTAGER L'ALBUM

Si vous avez restreint l'accès à votre album en choisissant l'option Tous les utilisateurs disposant du lien (dans la boîte de dialogue de transfert), cliquez sur le bouton Partager, situé au-dessus de l'album ; le navigateur affiche le formulaire Partager l'album, à l'aide duquel vous allez lancer vos invitations. Dans le champ A : saisissez les adresses e-mail des personnes que vous souhaitez inviter à visiter votre galerie (séparez les adresses par des virgules), puis rédigez un message d'invitation et envoyez-le. Les destinataires recevront un mail d'invitation contenant un lien direct vers la galerie.

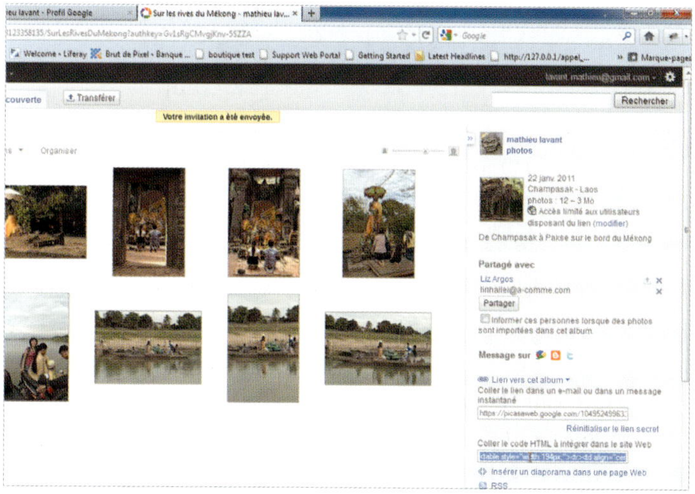

14 LIEN VERS L'ALBUM

Vous pouvez également partager votre album en plaçant dans une page de votre site Web ou de votre blog, un lien direct vers celui-ci. Dans le panneau d'informations, à droite de la page, cliquez sur Lien vers cet album, puis dans le champ Coller le code Html… ; le contenu du champ s'affiche en sélection (bleu), copiez le code, à l'aide du raccourci Ctrl + C. Dans votre éditeur HTML ou éditeur de blog, ouvrez la page Web dans laquelle vous souhaitez insérer le lien, et faites Ctrl + V pour coller le code. Testez la page dans votre navigateur ; celle-ci affiche une vignette avec un lien vers l'album.

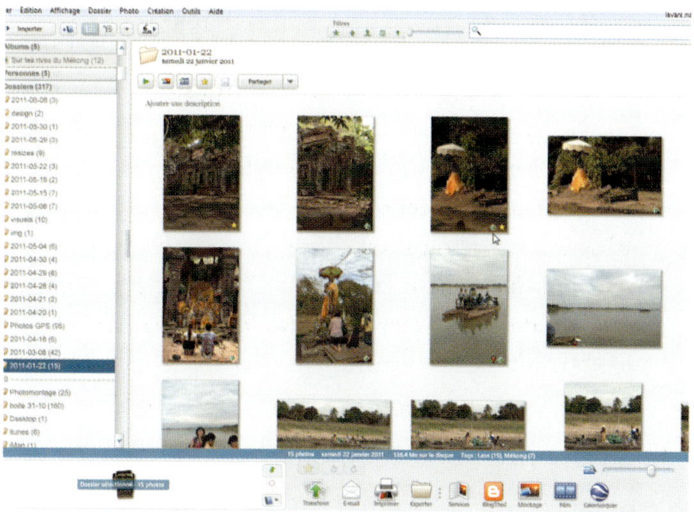

15 RETOUR À PICASA

Vous avez terminé la création et le paramétrage de votre premier album. Nous verrons dans l'exercice suivant comment faire évoluer et enrichir cet album. Pour le moment, revenez dans Picasa, en cliquant sur son icône dans la barre de tâches ; vous constaterez deux changments. Les clichés que vous avez transférés en ligne sont maintenant marqués d'une petite flèche verte, dans leur angle inférieur droit. Dans la section album du panneau gauche de l'application, un nouvel album est apparu, portant le nom de l'album que vous avez créé sur Picasa Album Web.

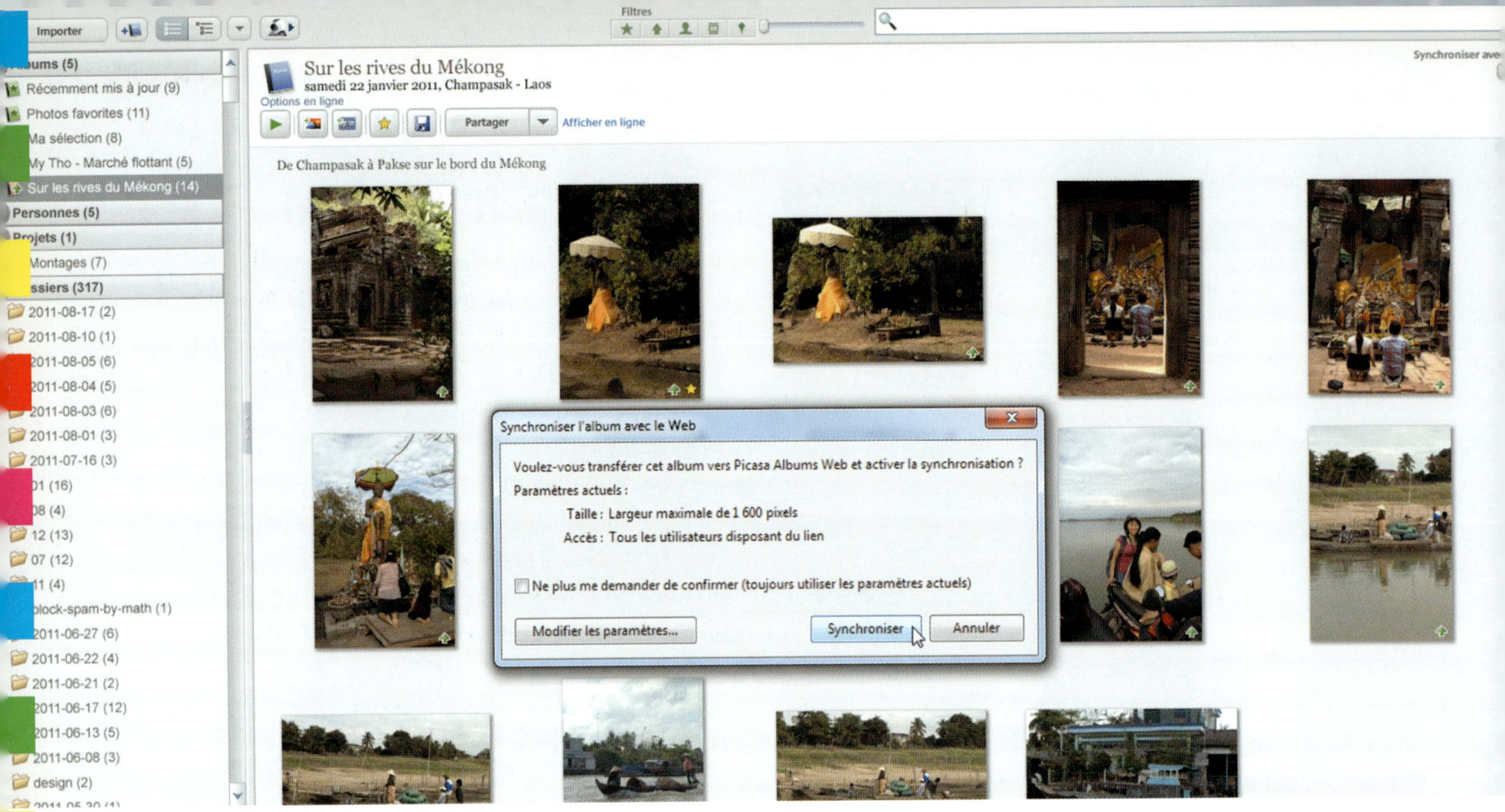

RÉÉDITER UN ALBUM EN LIGNE

Une fois votre premier album créé sur Picasa Albums Web, il faut penser à sa mise à jour : ajout et suppression de clichés, ou synchronisation.

EXERCICE 16
DURÉE : 20MIN
Step By Step

Dans l'exercice précédent, vous avez vu comment créer une galerie de photos sur Picasa Albums Web et vous avez publié une première sélection de clichés.

Plus tard, lorsque vous souhaiterez mettre à jour ce premier album, ajouter des légendes, modifier les options de partage, ou peut-être même créer un deuxième album, vous devrez alors retrouver le chemin qui permet d'accéder à votre galerie en ligne, et vous reconnecter...

Comme vous allez le découvrir dans cet exercice, Picasa a mémorisé l'adresse de votre galerie et vous propose un lien d'accès direct à celle-ci. Vous pourrez alors ajouter ou supprimer des photos, ou bien choisir la synchronisation ; cette dernière option vous permettra de mettre à jour automatiquement tous les clichés d'un album.

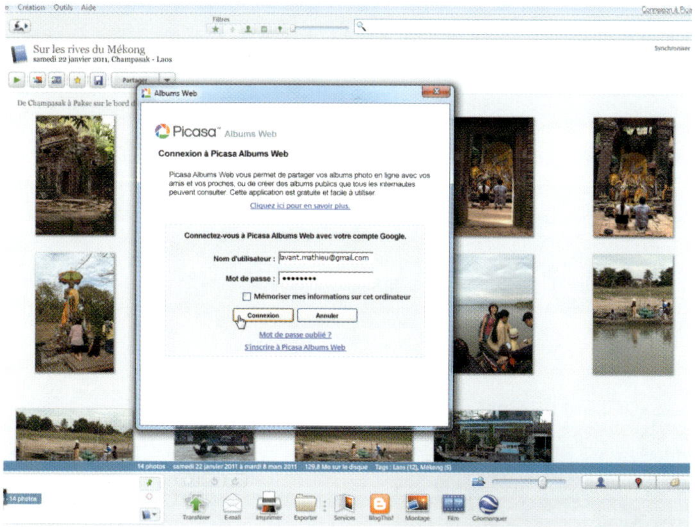

01 SE RECONNECTER

Si vous venez d'achever l'exercice précédent, fermez Picasa et votre navigateur Web, puis relancez les deux applications. Picasa affiche en haut à droite de sa fenêtre le lien Connexion à Picasa Albums Web ; cliquez sur ce dernier. Si vous n'avez pas mémorisé vos identifiants de connexion, Picasa ouvre sa boîte de dialogue de connexion Picasa Albums Web. Saisissez le mot de passe de votre compte Google et cliquez sur le bouton Connexion. Dans la rubrique Albums, sélectionnez l'album local contenant les photos que vous avez mises en ligne ; chaque vignette affiche une flèche verte indiquant que la photo est publiée en ligne.

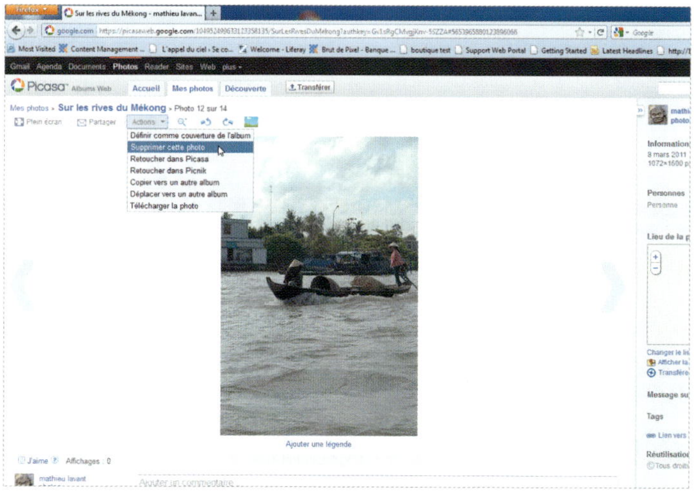

02 SUPPRIMER UN CLICHÉ

À présent que vous êtes connecté, vous pouvez réafficher votre galerie en ligne : dans l'angle supérieur droit de l'écran, cliquez sur le lien Albums Web, Picasa relance votre navigateur et charge la page d'accueil de votre galerie. Vous pouvez alors ajouter des légendes, modifier vos options de partage (voir exercice 15), etc. Si vous souhaitez supprimer une photo de l'album, cliquez sur sa vignette pour l'afficher en grand format, puis cliquez sur le menu Actions et choisissez Supprimer cette photo. Dans la boîte de dialogue de confirmation, cliquez sur le bouton OK ; le cliché est supprimé de l'album en ligne.

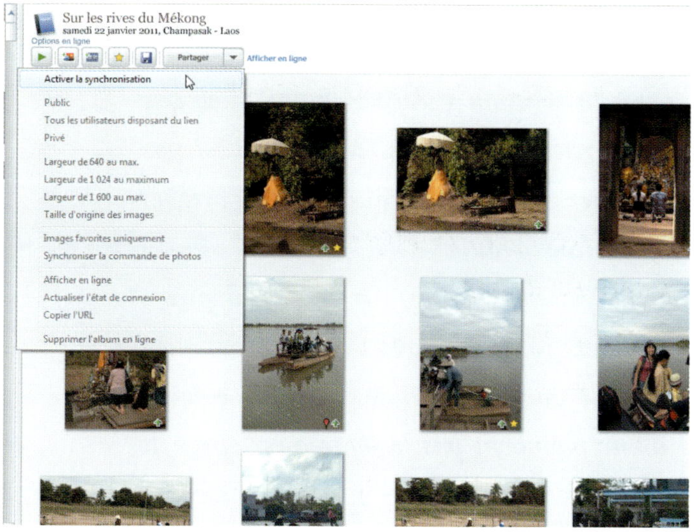

03 SYNCHRONISATION

Revenez dans Picasa : la version locale de l'album contient toujours la photo que vous avez supprimée de l'album en ligne. Cliquez sur le bouton Partager, au dessus des vignettes de l'album, et choisissez Activer la synchronisation ; Picasa ouvre la boîte de dialogue Synchroniser l'album avec le Web. Cliquez sur Synchroniser. L'application met à jour l'album en ligne, en se basant sur le contenu de l'album local. Désormais, chaque cliché modifié dans l'album local, sera mis à jour automatiquement dans la galerie en ligne. Il en sera de même si vous ajoutez ou supprimez une photo dans l'album local.

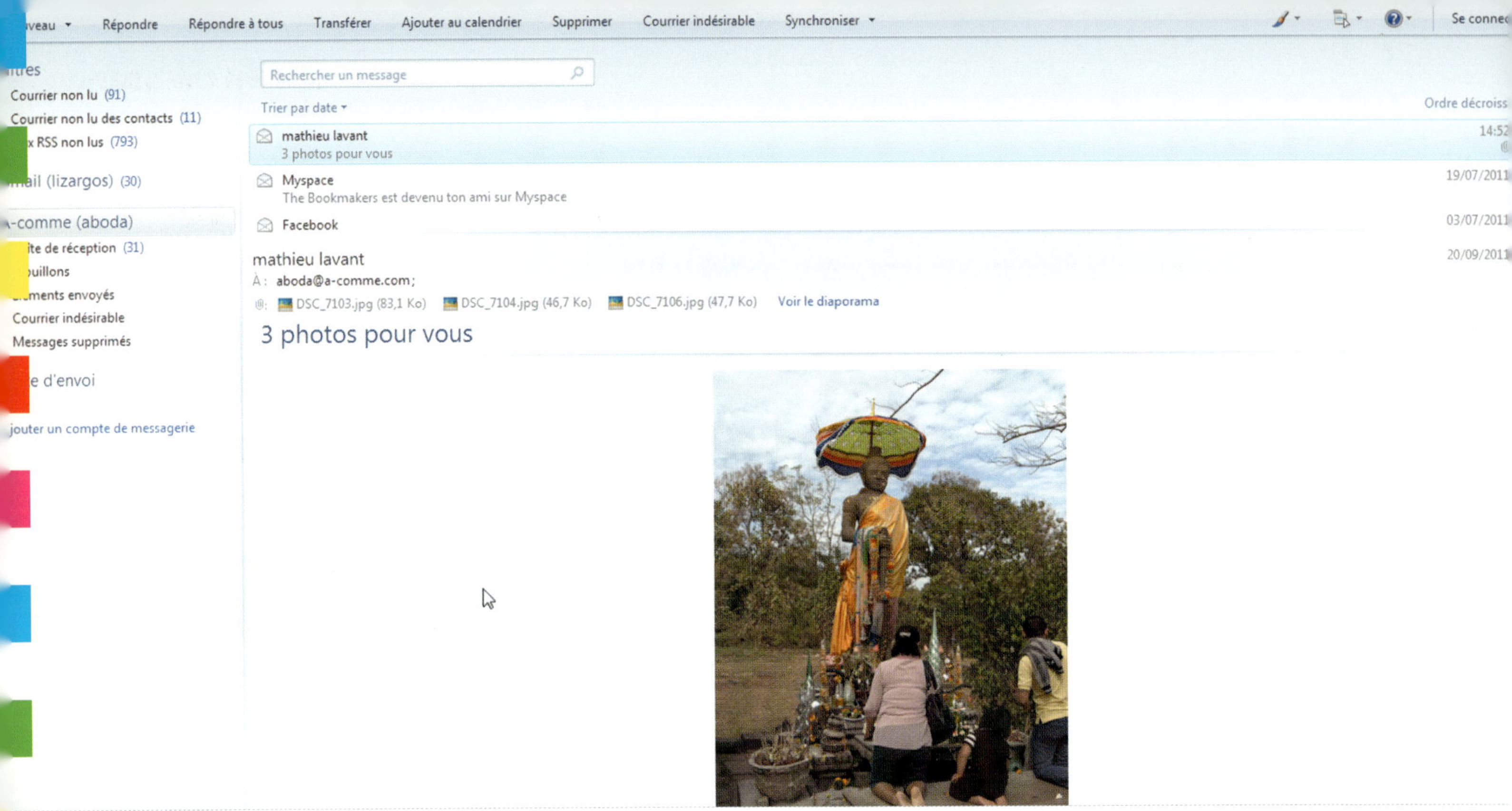

ENVOYER DES PHOTOS PAR EMAIL

Pour envoyer des photos en pièces jointes, le plus simple est d'exploiter la commande email de Picasa. Elle réduit automatiquement le poids des fichiers.

EXERCICE 17
DURÉE : 20MIN
Step By Step

En matière de partage de photos, il y a la solution Picasa Albums Web que vous avez découverte dans les deux exercices précédents. Mais ce n'est pas toujours la plus appropriée, en particulier si vous souhaitez juste partager quelques clichés avec un nombre de personnes réduit.

Le plus simple dans ce cas, est d'envoyer vos photos par mail, en pièces jointes. Mais comme vous l'avez sans doute constaté, vous vous heurtez alors à un problème de poids : vos fichiers sont trop lourds et sont parfois bloqués par les serveurs de courrier, quand ils ne plombent pas la boîte aux lettres de leur destinataire... Pour pallier ce problème, utilisez donc la commande email de Picasa, qui, comme vous allez le découvrir dans ces pages, réduit automatiquement la taille des fichiers joints.

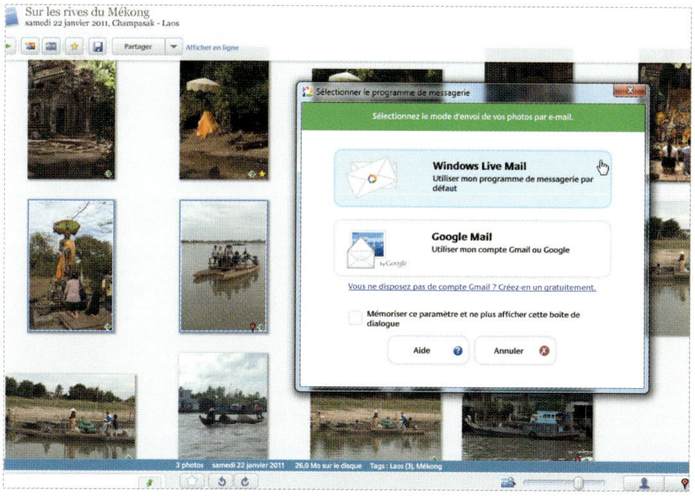

01 CHOIX DU MODE D'ENVOI

Après avoir démarré Picasa, ouvrez un dossier de photos en cliquant sur celui-ci à gauche de l'écran, puis sélectionnez les clichés que vous souhaitez envoyer. Pour sélectionner des photos contigües, cliquez sur la première vignette, puis enfoncez la touche Maj. et cliquez sur la dernière vignette. Pour sélectionner des photos dispersées, enfoncez la touche Ctrl. et cliquez sur chacune des vignettes. Cliquez ensuite sur l'icône E-mail, dans la partie inférieure de l'écran ; Picasa ouvre une boîte de dialogue qui vous propose deux options : envoyer vos photos avec Windows Live Mail, ou avec Google Mail.

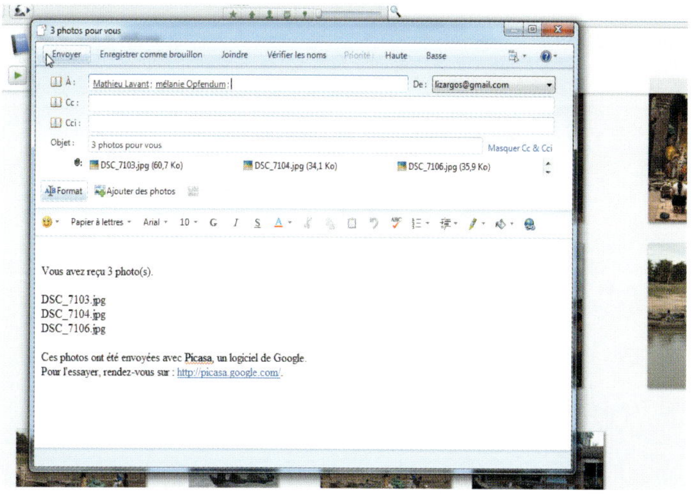

02 WINDOWS LIVE MAIL

Si vous avez adopté Windows Live Mail pour envoyer et recevoir votre courrier électronique, cliquez sur cette option. L'application démarre automatiquement et ouvre une fenêtre de courrier contenant un message prêt à être expédié. Les photos que vous avez sélectionnées ont été réduites et ajoutées en pièces jointes. Il ne vous reste plus qu'à définir les destinataires, et éventuellement, à personnaliser le message. Cliquez dans le champ A :, en haut de la fenêtre, et entrez les adresses email de vos amis. Puis, modifiez le message et cliquez sur le bouton Envoyer, en haut à gauche de la fenêtre de message.

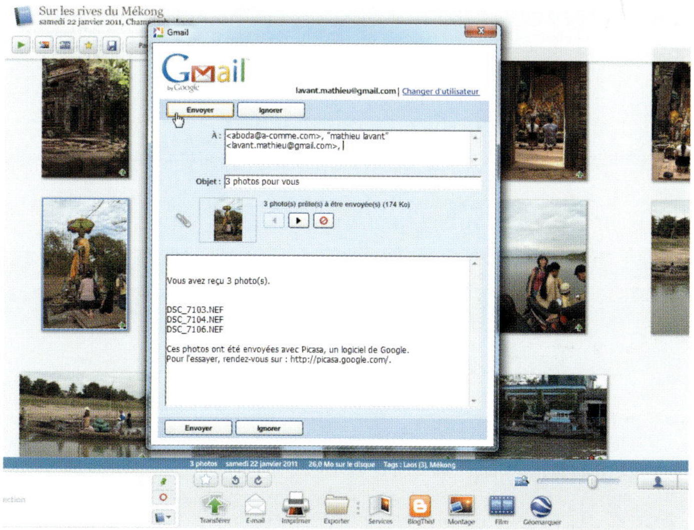

03 GOOGLE MAIL

Si vous n'utilisez pas Windows Live Mail mais disposez d'un compte Google Mail, cliquez sur cette option ; Picasa affiche la boîte de dialogue Gmail, après vous avoir, le cas échéant, demandé votre mot de passe de connexion. De même qu'avec Windows Live Mail, la boîte de dialogue affiche un message prêt à l'envoi. Dans le champ A :, saisissez les adresses e-mail des destinataires, modifiez le texte du message, puis cliquez sur Envoyer. Si vous n'avez pas encore d'adresse Gmail, c'est le moment de créer votre compte ; grâce à ce dernier, vous pourrez en effet exploiter le service Picasa Albums Web pour publier vos photos en ligne (voir exercices 15 et 16).

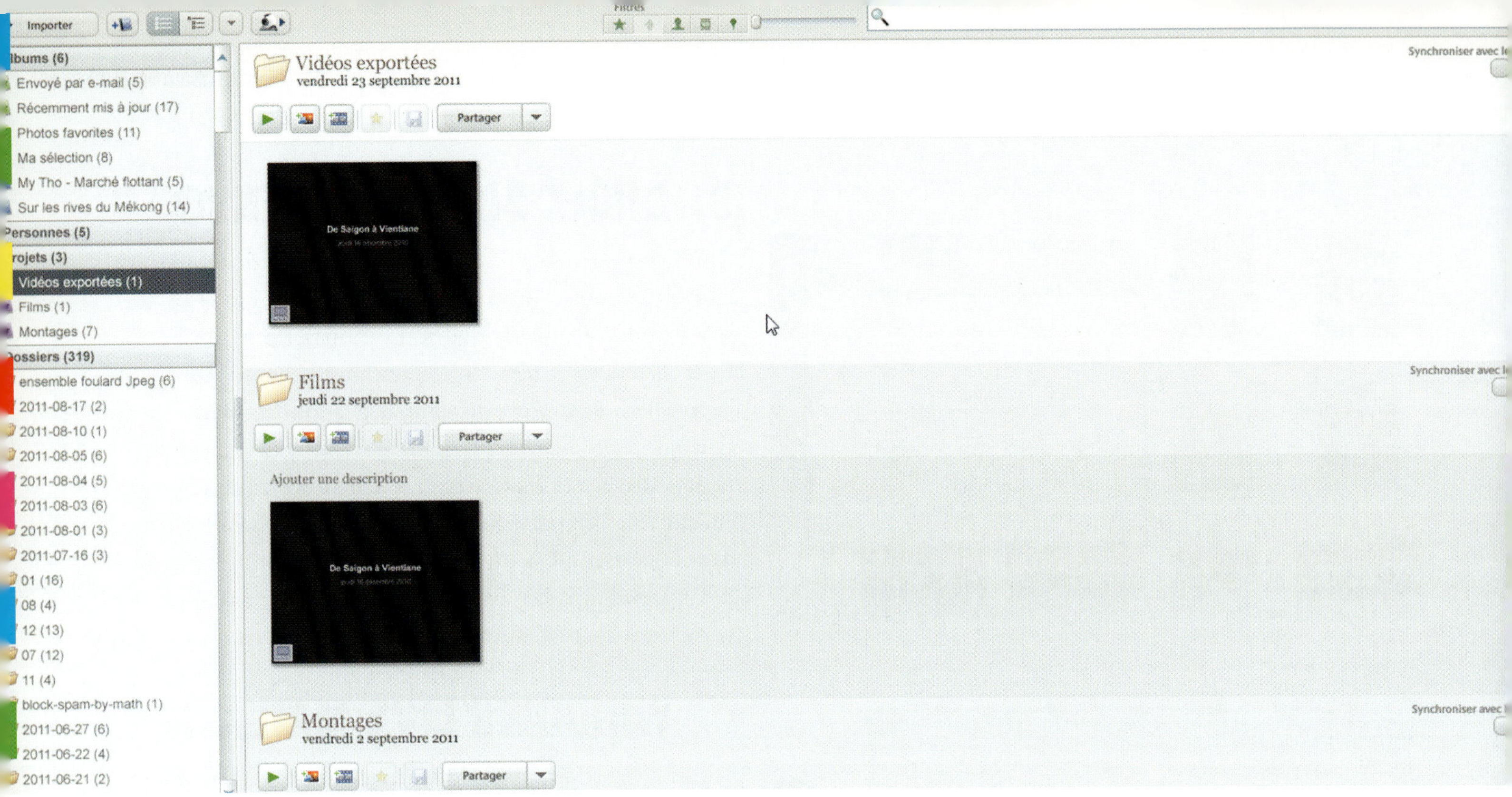

CRÉER UN FILM

Pour exporter un diaporama sous forme de séquence vidéo, avec fond sonore et effets de transition, Picasa propose la commande Créer un film.

EXERCICE 18
DURÉE : 20MIN
Step By Step

Dans l'exercice 11, vous avez vu comment jouer un diaporama à partir d'un dossier de photos sélectionné dans Picasa. Mais vous avez vu aussi que ce mode diaporama ne proposait aucune fonction d'export. En pratique, si vous souhaitez créer un diaporama et l'exporter sous forme de fichier indépendant afin de le partager sur le Web, par e-mail ou sur un DVD, vous devrez utiliser la commande Créer un film.
Comme vous allez le découvrir dans cet exercice, cette commande vous permet de réaliser une séquence vidéo à partir d'une sélection de photos de votre choix. Mais ce n'est pas tout ! Avant d'exporter votre projet, vous pourrez choisir vos propres effets de transition, régler le temps d'affichage des images, ajouter des panneaux d'intertitre, et même ajouter une piste audio.

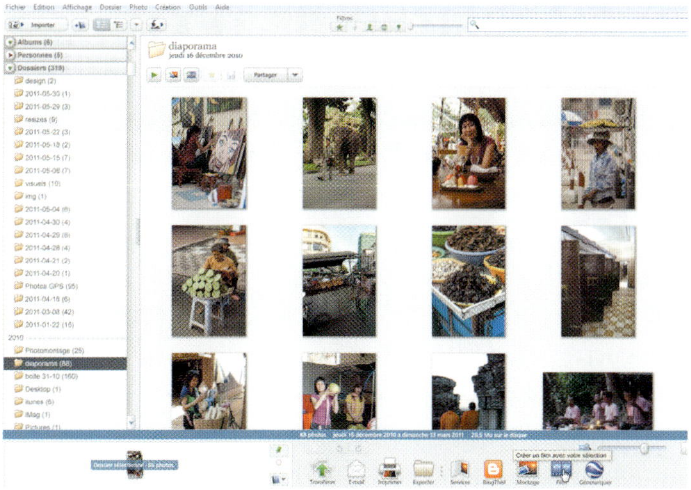

01 L'INTERFACE MOVIE MAKER

Après avoir lancé Picasa, importez les clichés du dossier Exercice 11 que vous trouverez sur le CD-Rom (voir exercice 3). Dans la fenêtre d'import, nommez le nouveau dossier diaporama et validez ; le nouveau dossier apparaît dans la liste des dossiers, à gauche de l'écran. Sélectionnez le dossier pour afficher son contenu, puis cliquez sur l'icône Film, dans la partie inférieure de l'écran ; Picasa ouvre son interface de création de films dans un nouvel onglet Movie Maker. Ce dernier affiche dans sa partie gauche, un panneau de réglages que vous allez utiliser dans les étapes suivantes.

02 ORGANISER LES PHOTOS

Dans la partie inférieure de l'écran s'affichent les vignettes des photos composant le diaporama. Cliquez sur une vignette pour visualiser l'image en grand format ; faites glisser la vignette vers la gauche ou vers la droite pour la repositionner dans le diaporama. Rendez-vous ensuite dans le panneau de réglages, cliquez sur la liste de la rubrique Dimensions et choisissez 1024 x 768. Si vous avez prévu des légendes, cochez l'option Afficher les légendes. Puis choisissez cochez l'option Recadrage de la photo plein cadre, si vous souhaitez que vos clichés occupent tous le cadre du diaporama.

03 TITRE DU DIAPORAMA

Sélectionnez la première vignette du diaporama, c'est une diapositive de titre, insérée automatiquement par Picasa lors du lancement de Movie Maker. Dans le panneau de réglage, cliquez sur l'onglet Diapositive ; Picasa affiche les réglages de mise en forme du texte, et en bas du panneau, le texte affiché par la diapositive. Remplacez le titre du diaporama par le texte de votre choix, puis réglez sa mise en forme. Vous pourrez rajouter d'autres diapositives de texte pour créer des écrans d'intertitre : cliquez sur le bouton Ajouter une nouvelle diapositive, situé à gauche de la barre de vignettes, en bas de l'écran.

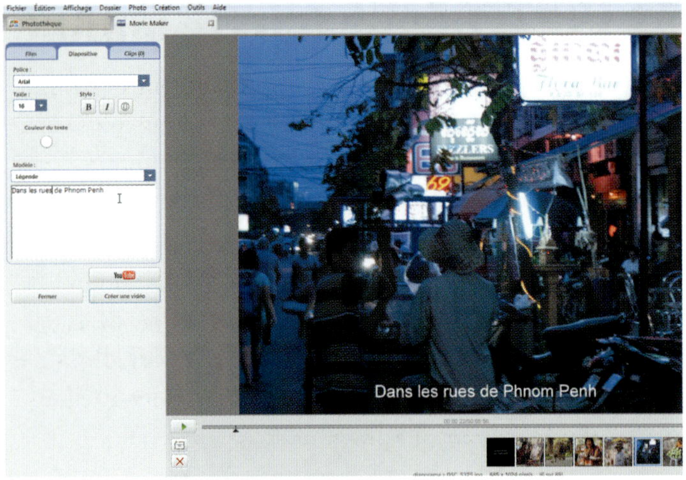

04 DIAPOSITIVE DE TEXTE

Un nouvel écran noir est inséré dans le diaporama ; faites-le glisser à la bonne position dans la barre de vignettes, puis revenez dans le panneau de réglages pour définir le texte et sa mise en forme. Dans la rubrique Modèle, choisissez Centré, puis cliquez sur la case échantillon Couleur d'arrière-plan pour changer la couleur du fond. Pour ajouter une légende à une photo, sélectionnez sa vignette, puis revenez dans le panneau de réglages. Tapez le texte de la légende dans le champ situé en bas du panneau, puis réglez sa position, en choisissant une option dans la liste de la rubrique Modèle.

05 EFFETS DE TRANSITION ET TEMPORISATION

Une fois les écrans d'intertitre et les légendes placés, revenez dans le panneau de réglages pour définir les options de transition et de temporisation. Cliquez sur le menu Style de transition et choisissez un effet. Notez que cet effet s'appliquera à l'ensemble du diaporama. Ajustez ensuite le temps d'affichage de chaque vue, à l'aide du curseur Durée de chaque diapositive. Puis testez le diaporama en cliquant sur le bouton de lecture, situé à gauche en dessous de la zone de prévisualisation.

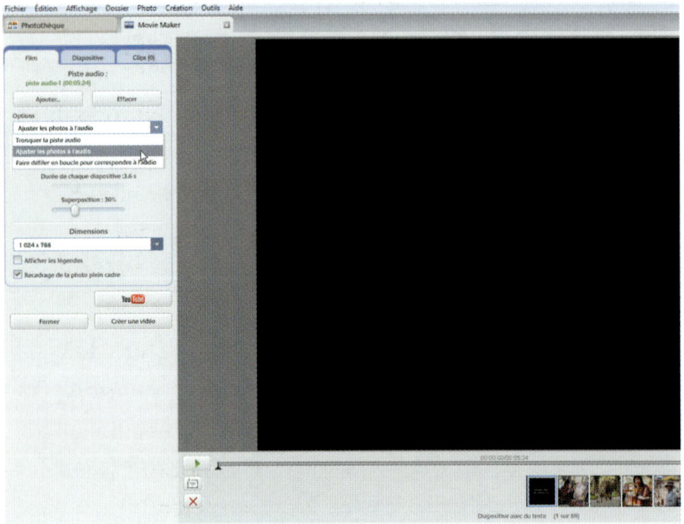

06 AJOUTER UNE PISTE AUDIO

Dans le panneau de réglage cliquez sur l'onget Film, puis cliquez sur le bouton Ajouter de la rubrique Piste audio. Picasa affiche une boîte de dialogue d'ouverture de fichiers. Naviguez jusqu'au CD-Rom et sélectionnez le fichier piste audio-1.wma, situé dans le dossier Exercice 11. Puis validez ; la piste audio est ajoutée au diaporama. Dans le menu Options, situé sous le bouton Ajouter, choisissez Ajuster les photos à l'audio ; le temps d'affichage de chaque vue est modifié de façons à caler le diaporama sur la durée de la piste audio. Testez à nouveau le diaporama en cliquant sur son bouton de lecture, en bas de l'écran.

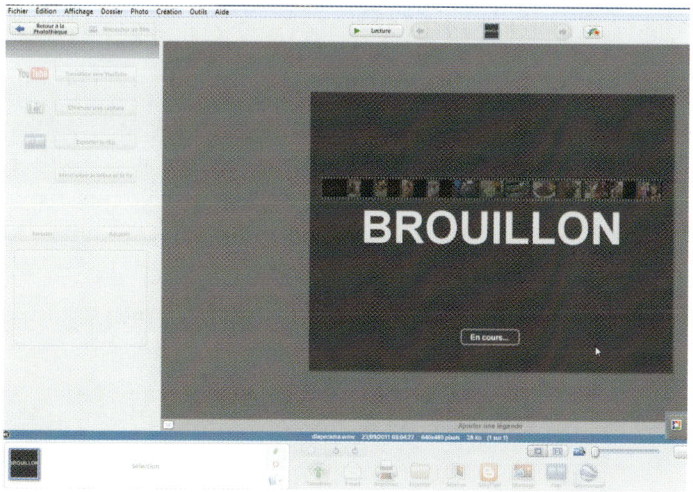

07 GÉNÉRER LE DIAPORAMA

Stoppez la lecture du diaporama à l'aide du bouton Pause situé en bas de l'écran, puis cliquez sur le bouton Créer une vidéo, dans la partie inférieure du panneau de réglages. Picasa lance le calcul de la séquence vidéo et ouvre son interface d'édition, qui affiche en gros titre « Brouillon ». Patientez quelques minutes jusqu'à ce que l'application vous rende la main. Une fois l'opération terminée, Picasa charge le diaporama et relance sa lecture. Dans la partie gauche de l'écran, le panneau de réglage affiche les boutons d'export qui vont vous permettre soit de générer un fichier vidéo, soit de publier la séquence sur YouTube.

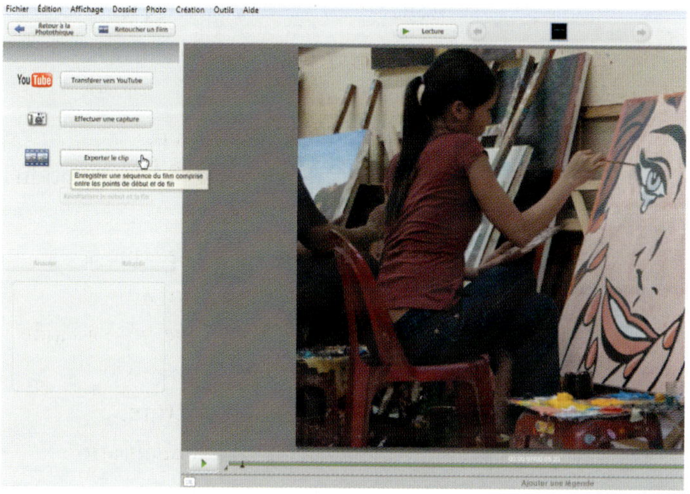

08 ENREGISTRER LE FILM

Cliquez sur le bouton Exporter le clip ; Picasa remouline la séquence et génère un fichier vidéo au format WMV, deux fois plus léger que la séquence originale produite à l'étape 07. Revenez dans la photothèque en tapant sur la touche Retour : deux nouveaux dossiers ont été créés, un dossier Films contenant le diaporama original que vous pourrez rééditer, un dossier Vidéos exportées, qui contient la séquence que vous venez d'exporter. Pour retrouver le fichier sur votre PC, cliquez droit sur la vignette du film et activez la commande Rechercher sur le disque ; le fichier apparaît dans la fenêtre de l'Explorateur Windows.

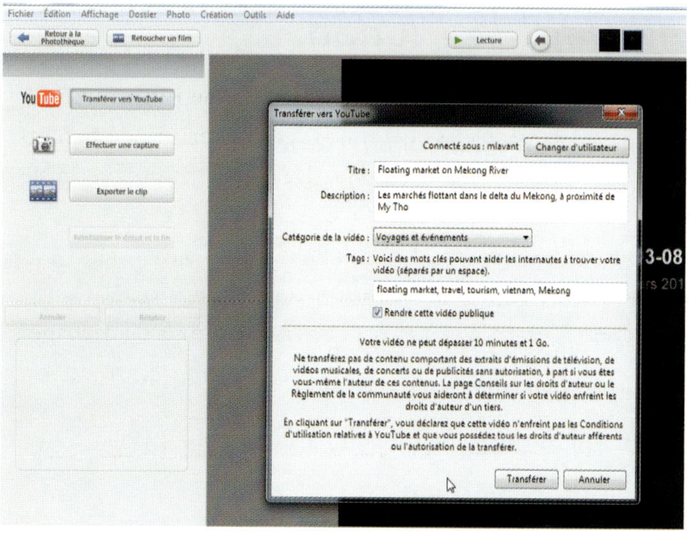

09 PUBLIER SUR YOUTUBE

Si vous êtes déjà inscrit sur YouTube, vous pouvez y publier votre vidéo directement depuis Picasa. Revenez dans l'application, sélectionnez le film dans le dossier Films et tapez sur la touche Retour pour ouvrir la fenêtre d'édition. Cliquez sur le bouton Transférer vers YouTube, à gauche de l'écran. Remplissez les différents champs de la boîte de dialogue qui apparaît. Cette dernière doit afficher : Connecté sous : xxxx. Dans le cas contraire, cliquez sur le bouton Changer d'utilisateur, entrez votre nom d'utilisateur YouTube et votre mot de passe. Puis validez et cliquez sur le bouton Transférer. Picasa transfère la vidéo sur YouTube.

PUBLIER DANS UN BLOG

Pour publier des photos accompagnées de texte, la solution la plus simple est celle d'un blog, comme Blogger, qui est accessible depuis Picasa.

EXERCICE 19
DURÉE : 20MIN
Step By Step

Picasa Albums Web est une solution parfaite pour publier une simple galerie de photos en ligne, mais si vous souhaitez éditer des articles pour accompagner vos clichés, il faudra vous tourner vers une autre solution. Pour ceux qui n'entendent rien à la création de sites Web et autre HTML, le mieux est de créer un blog, en utilisant l'un des nombreux services gratuits disponibles sur le Web. Parmi ceux-ci, vous trouverez Blogger, un service de Google, qui permet de créer directement votre blog en ligne, mais qui est également accessible à partir de Picasa. Comme vous allez le découvrir à présent, pour exploiter ce service, il suffit de vous inscrire à l'aide de votre compte Google Mail, pour ensuite publier vos photos et articles, sans quitter Picasa.

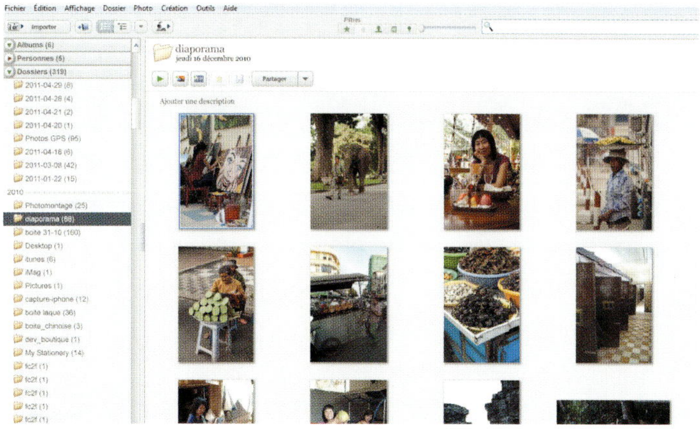

01 SÉLECTION DES PHOTOS

Après avoir lancé Picasa, sélectionnez le dossier contenant la ou les photos que vous souhaitez publier sur votre blog. Attention, il ne s'agit pas d'une galerie de photos ; mieux vaut donc vous limiter à deux ou trois photos pour un premier article. Vous pourrez par la suite publier d'autres articles contenant d'autres photos.
Une fois la sélection des photos effectuée, cliquez sur l'icône Blog This !, située dans la barre d'icônes, en bas de l'écran.

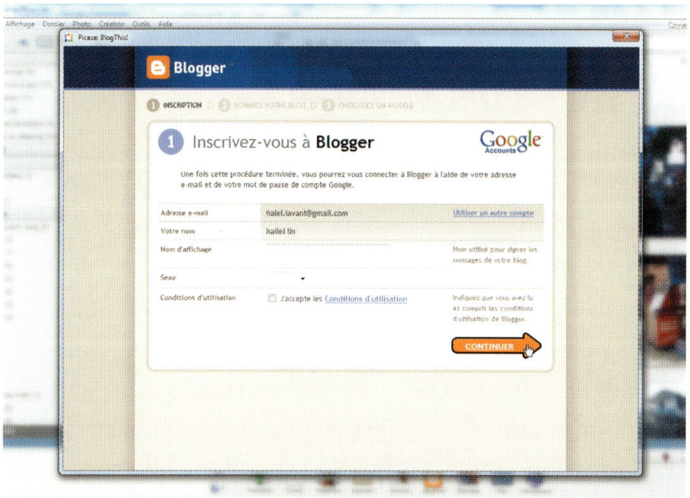

02 INSCRIPTION À BLOGGER

Picasa affiche alors l'interface de connexion à Blogger dans une nouvelle fenêtre. Pour la suite des opérations, vous devez disposer d'une adresse Google Mail.
Dans la partie droite de la fenêtre, entrez votre adresse e-mail et votre mot de passe, puis cliquez sur le bouton Connexion ; la fenêtre affiche la première étape du processus d'inscription à Blogger. Complétez les rubriques Nom d'affichage et Sexe et cliquez sur le bouton Continuer. Si vous êtes déjà inscrit sur Blogger, passez directement à l'étape 05.

03 NOMMER LE BLOG

L'écran suivant affiche votre tableau de bord ; ce dernier indique que vous n'avez encore créé aucun blog.
Cliquez sur le bouton Créer un blog ; un nouvel écran apparaît dans lequel vous allez nommer votre blog.
Dans le champ Titre du blog, saisissez le titre de votre choix, puis passez au champ Adresse du blog, entrez l'adresse que vous souhaitez avoir pour accéder à votre blog depuis un navigateur, puis cliquez sur le lien Vérifier la disponibilité. Attention, cette adresse ne peut comporter ni espaces, ni accents, ni caractères spéciaux (?,/,;,:,+,=,...), seuls les traits d'union sont autorisés.

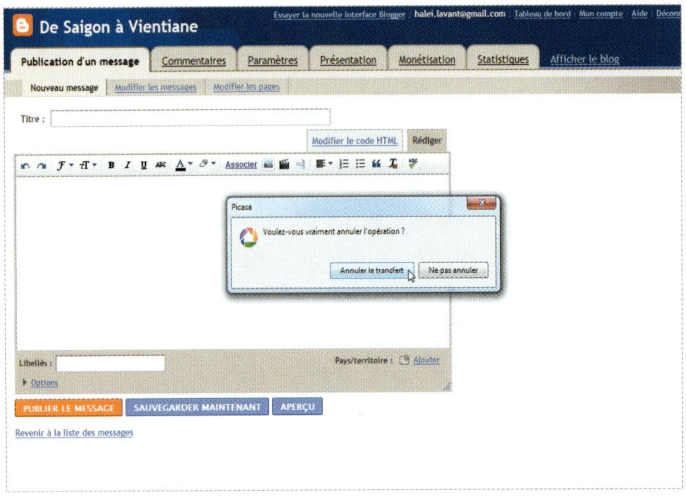

04 CHOIX D'UN MODÈLE

Cliquez sur le bouton orange Continuer pour passer à l'étape suivante; il s'agit ici de choisir l'habillage graphique du blog. Cliquez sur le modèle de votre choix, puis sur le bouton Continuer : un dernier écran s'affiche, indiquant que la création du blog est terminée. Cliquez sur le bouton Utiliser mon blog pour afficher la fenêtre d'édition de messages. Comme vous venez de créer le blog, les photos envoyées depuis Picasa n'ont pas été prises en compte. Refermez la fenêtre Blogger, via la case de fermeture située en haut à droite, et confirmez cette fermeture, à l'aide du bouton Annuler le transfert.

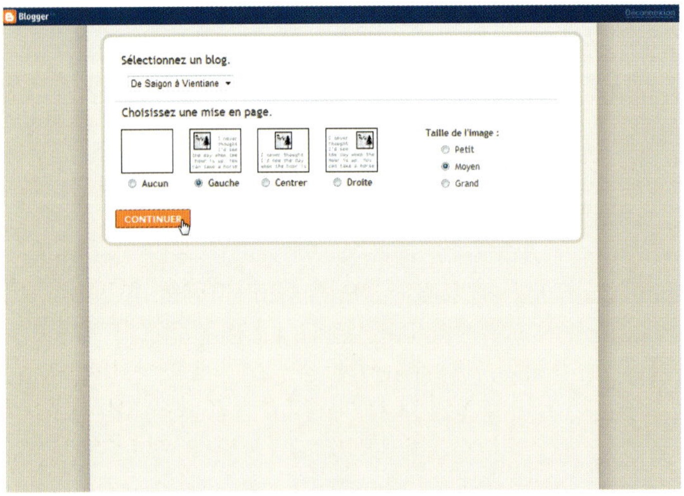

05 RETOUR À PICASA

De retour dans Picasa, vérifiez que les photos que vous souhaitez publier sont toujours sélectionnées, puis relancez la commande Blog This! Cette fois, Picasa affiche directement l'interface de publication de Blogger. Dans la rubrique Sélectionnez un blog, apparaît le nom du blog que vous venez de créer. Si vous étiez déjà un utilisateur de Blogger et avez plusieurs blogs à votre actif, sélectionnez celui dans lequel vous souhaitez publier les photos. Choisissez ensuite une option d'alignement, en cliquant sur la vignette adhoc, sélectionnez une taille d'image, puis cliquez sur le bouton Continuer

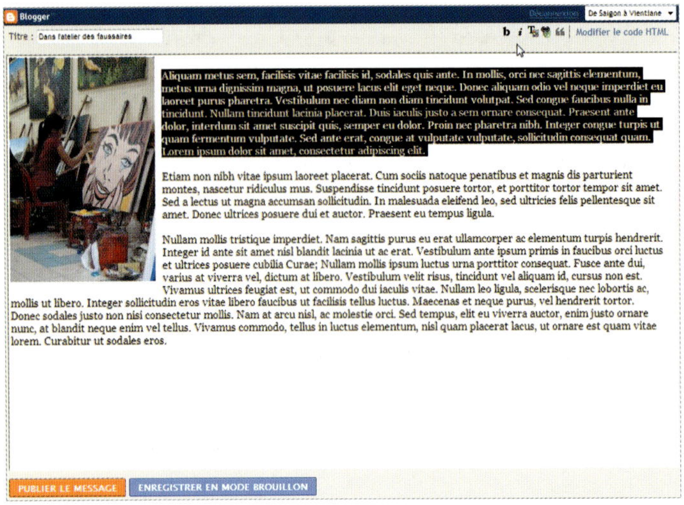

06 AJOUTER LE TEXTE

La fenêtre d'édition de Blogger apparaît à l'écran, affichant les photos que vous avez sélectionnées. Cliquez dans le champ Titre, en haut de la fenêtre, et saisissez le titre de l'article. Puis cliquez à côté de la première image et saisissez le texte de l'article, ou si vous l'avez préparé dans votre traitement de texte, faites un copier-coller. Dans cette interface d'édition, les seuls réglages de mise en forme dont vous disposez sont le gras, l'italique et la couleur, que vous trouverez en haut à droite de la fenêtre. Sélectionnez une portion de texte et appliquez le réglage de votre choix.

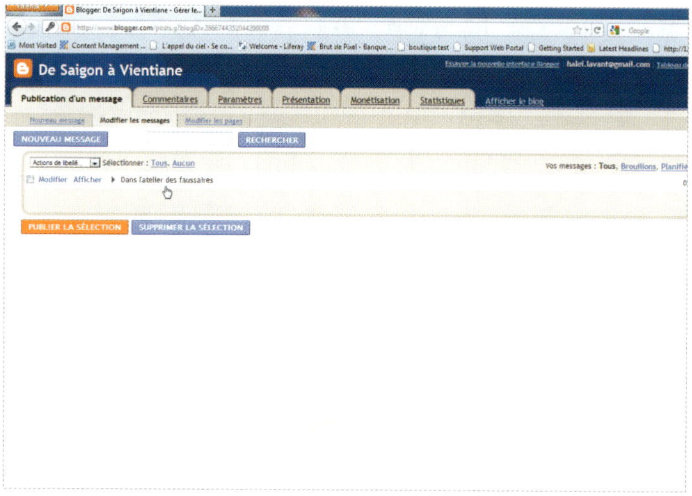

07 PUBLIER L'ARTICLE

Une fois le texte saisi et mis en forme, cliquez sur le bouton Publier le message, en bas à gauche de la fenêtre. Picasa, referme la fenêtre d'édition de Blogger et transfère les données vers le serveur. Puis l'application lance votre navigateur Web par défaut et affiche la page de gestion des messages de votre blog. Il se peut aussi que Picasa réaffiche l'écran d'identification et de connexion à Blogger.Dans ce cas, entrez votre adresse Google Mail et votre mot de passe, puis cliquez sur le bouton Connexion. Votre navigateur Web démarre et affiche alors la page de gestion des messages.

08 AFFICHER L'ARTICLE

La page de gestion des articles de Blogger affiche la liste des messages que vous avez déjà publiés et de ceux enregistrés comme brouillons. Si vous venez de créer votre blog, cette liste ne contient qu'un seul article, celui que vous avez publié à l'étape précédente. Cliquez sur le bouton Afficher, situé à gauche du titre de l'article ; le navigateur ouvre un nouvel onglet et affiche la page de votre blog telle que la découvriront les visiteurs. Si vous souhaitez modifier cet article, réaffichez la page de gestion des articles, dans l'onglet précédent, et cliquez sur le bouton Modifier.

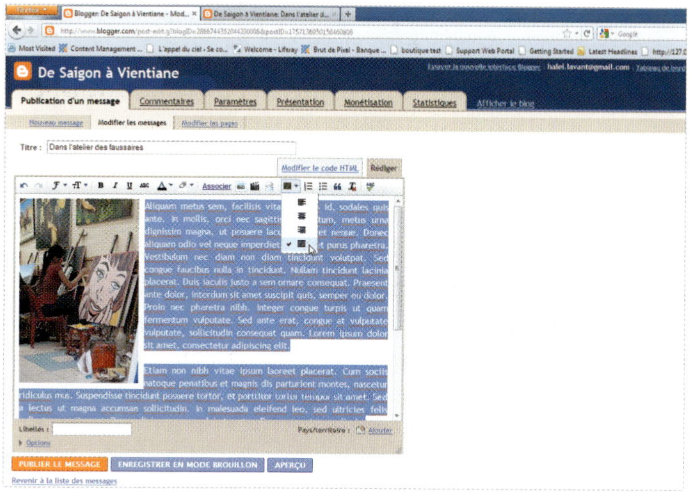

09 MODIFIER UN ARTICLE

Le navigateur affiche alors l'article sélectionné dans l'interface d'édition de Blogger, qui propose une barre d'outils beaucoup plus riche que celle dont vous disposez lors de la publication d'un article depuis Picasa. Sélectionnez votre texte, puis cliquez sur l'icône F, à gauche de la barre d'outils, et choisissez une police. Cliquez ensuite sur l'icône suivante pour régler la taille du texte. Puis cliquez sur l'icône A, un peu plus loin pour régler la couleur. Vous pourrez également changer l'alignement, ou créer une liste. Une fois les changements effectués, cliquez sur le bouton orange Publier le message.

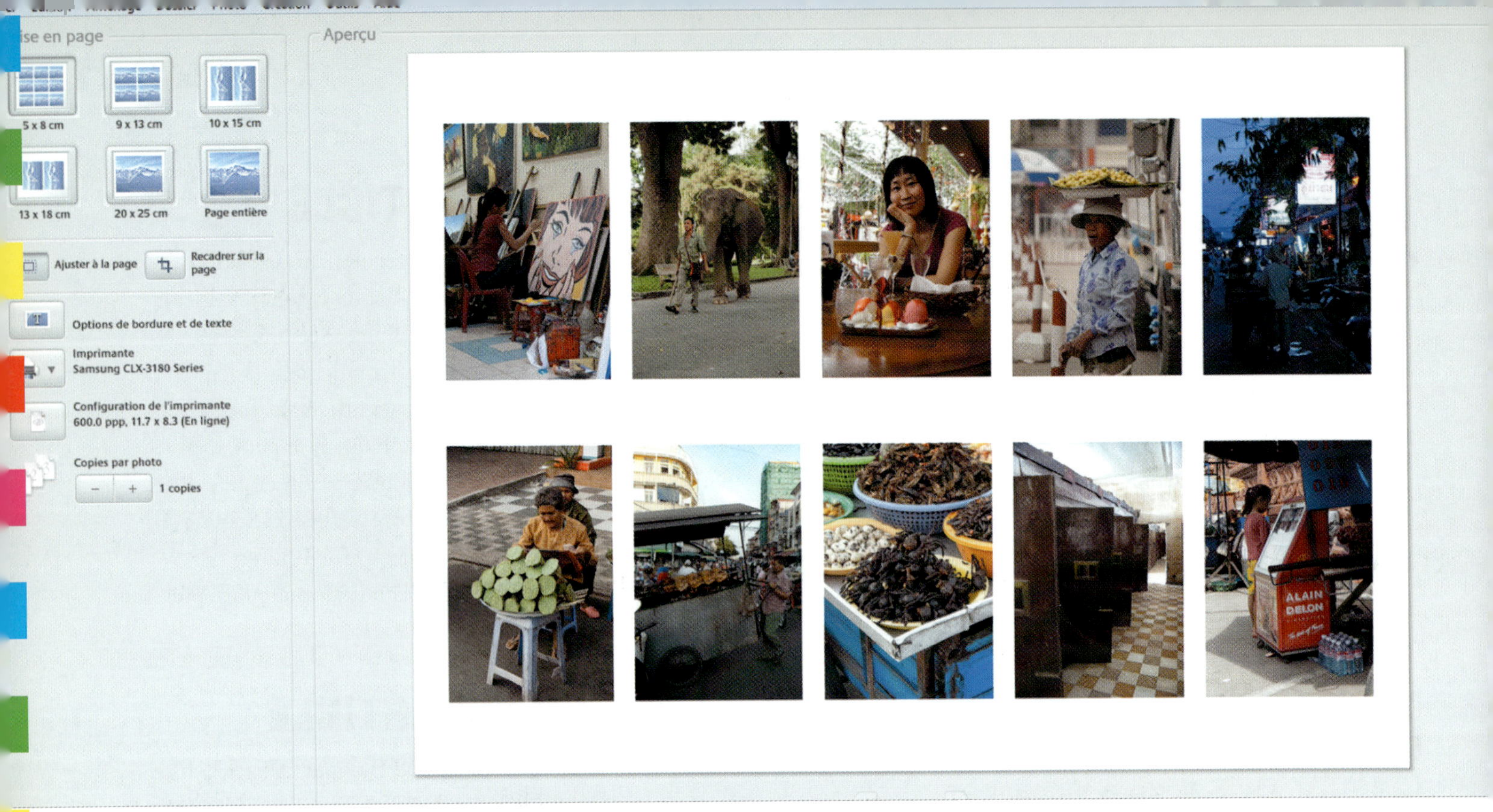

IMPRESSION ET TIRAGE EN LIGNE

À l'ère de l'image numérique, le tirage papier reste le moyen le plus souple pour apprécier et partager vos photos.

EXERCICE 20
DURÉE : 30MIN
Step By Step

Comme vous l'avez appris dans les exercices précédents, Picasa vous permet de partager vos photos de différentes façons : dans une galerie avec Picasa Albums Web, sous forme d'articles dans Blogger, ou tout simplement en pièces jointes d'un e-mail. Mais à l'heure actuelle, on n'a pas encore trouvé mieux que le bon vieux tirage papier ; le seul que vous pouvez garder dans votre portefeuille, glisser dans une enveloppe pour l'envoyer à des amis, ou encore poser sur le coin de votre bureau.
Dans ce dernier exercice, vous allez donc découvrir comment imprimer vos photos à partir de Picasa et exploiter les différentes options de la boîte de dialogue d'impression. Et si vous préférez confier vos tirages à un labo professionnel, vous verrez aussi comment commander des tirages en ligne, sans sortir de l'application.

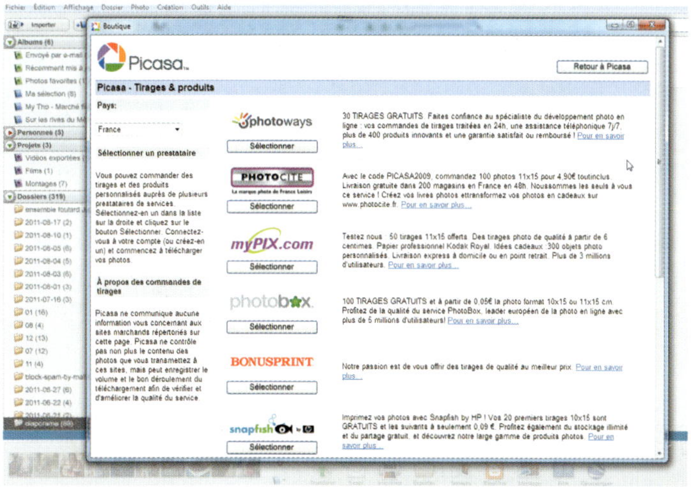

01 TIRAGE EN LIGNE

Après avoir lancé Picasa, sélectionnez les clichés que vous souhaitez faire tirer en ligne. Si les photos se trouvent dans un seul dossier, sélectionnez-les à l'aide de la touche Majuscule ou Contrôle, suivant le cas. Si les clichés sont rangés dans différents dossiers, vous ne pourrez tous les sélectionner. Dans ce cas, créez un album dans lequel vous stockerez toutes les images que vous souhaitez commander. Une fois les clichés sélectionnés, cliquez sur l'icône Services, située dans la barre d'icônes, en bas de l'écran. Picasa ouvre alors une nouvelle fenêtre listant les services de tirage en ligne.

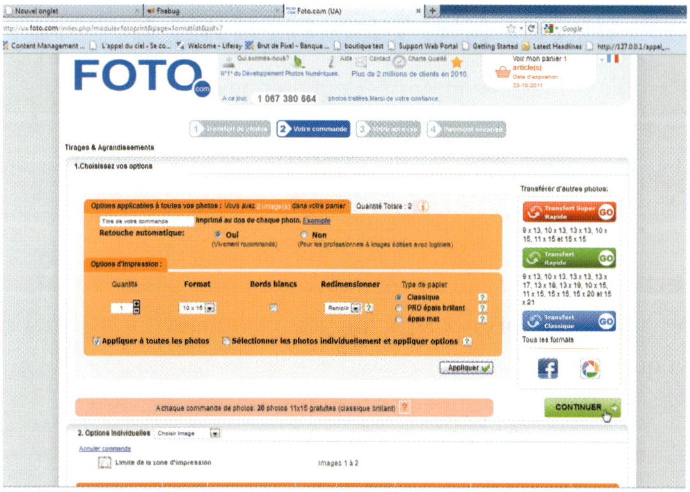

02 CHOIX DU SERVICE

Pour chaque prestataire, vous disposez d'une courte présentation et d'un lien Pour en savoir plus… En cliquant sur ce lien, vous accéderez au site Web du prestataire en question. Une fois votre choix arrêté, cliquez sur le bouton Sélectionner ; Picasa transfère les photos que vous avez sélectionnées vers le service de tirage en ligne et affiche dans le navigateur la page de commande. Quel que soit le prestataire choisi, vous n'avez plus ensuite qu'à compléter la commande, en précisant le format, la qualité et le nombre de tirages, puis à régler votre commande avec votre carte de crédit.

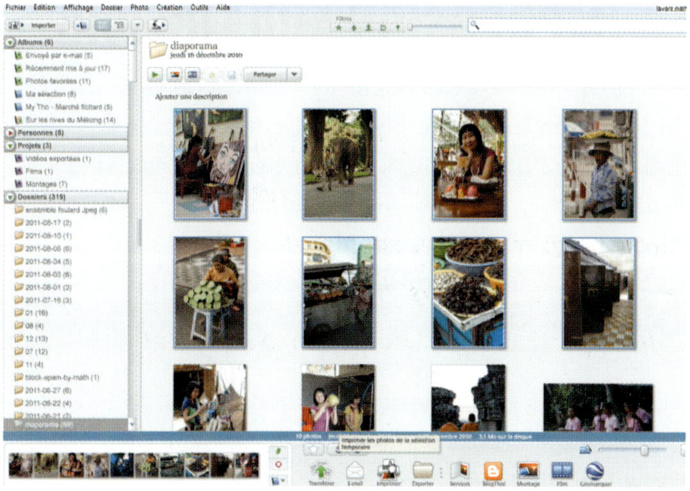

03 IMPRIMER CHEZ VOUS

Si vous êtes équipé d'une imprimante à la maison, vous préfèrerez peut-être faire vos propres tirages. De même que pour une commande de tirages en ligne, sélectionnez un ou plusieurs clichés que vous pourrez, suivant le format choisi, imprimer soit sur une même feuille, soit sur des feuilles séparées.
Après avoir sélectionné les photos, cliquez sur l'icône Imprimer, située dans la barre d'icônes, en bas de l'écran. Picasa ouvre une nouvelle fenêtre qui regroupe toutes les options d'impression, ainsi qu'une zone d'aperçu.

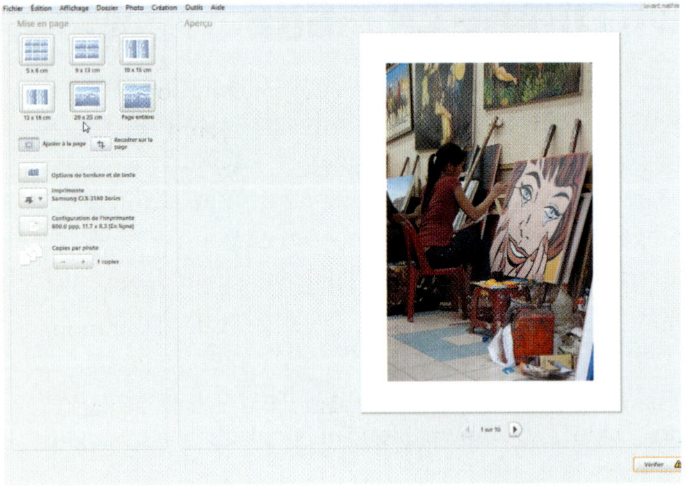

04 FONCTION IMPRIMER

Si vous souhaitez imprimer une photo par page, choisissez le format 20x25 cm, en cliquant sur l'icône adhoc dans le panneau Mise en page. Picasa affiche la prévisualisation de la page. Si vous avez sélectionné plusieurs clichés dans la photothèque, l'application génère autant de pages d'aperçu. Vous pouvez les parcourir à l'aide des flèches de navigation situées sous la prévisualisation. Revenez dans le panneau Mise en page et vérifiez que le nom de votre imprimante apparaît bien à la rubrique Imprimante. Dans le cas contraire, cliquez sur son icône et sélectionnez votre périphérique dans le menu local.

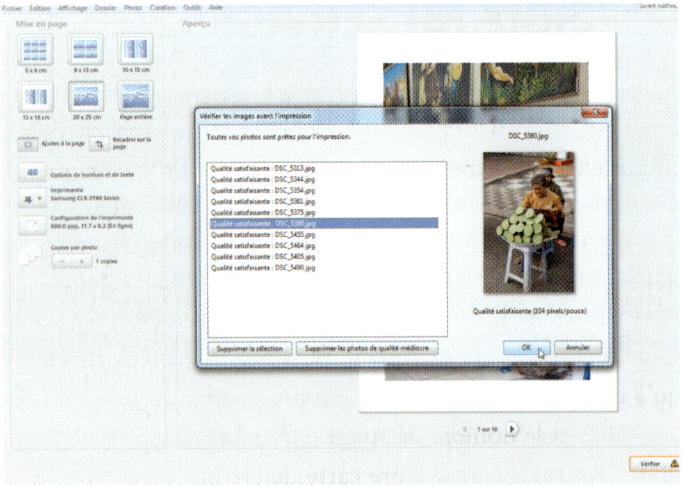

05 VÉRIFIER LES CLICHÉS

La taille d'impression optimale d'une photo variant en fonction de ses dimensions en pixels (on parle aussi de résolution), Picasa permet de vérifier que vos photos sont imprimables au format que vous avez choisi; cliquez sur le bouton Vérifier, situé en bas à droite de l'écran. Une nouvelle boîte de dialogue apparaît, listant les clichés à imprimer et indiquant pour chacun d'entre eux sa qualité de sortie. Si la mention Qualité médiocre s'affiche en regard de certains clichés, supprimez-les de la liste; vous essaierez plus tard de les imprimer en choisissant un format d'impression plus petit.

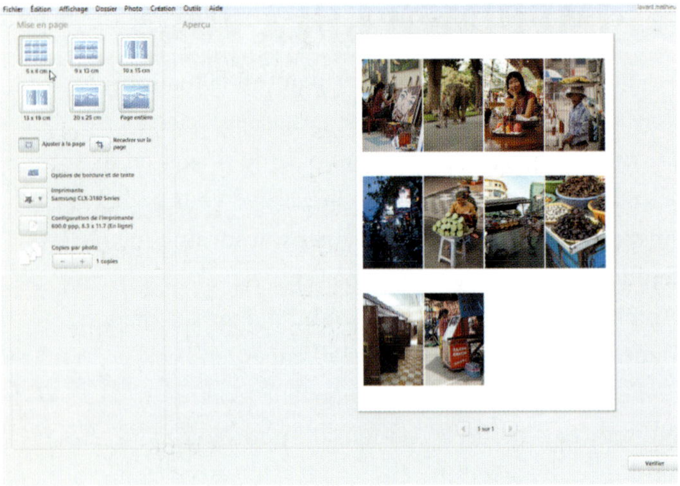

06 IMPRESSION MULTICLICHÉ

Refermez la boîte de dialogue de vérification et cliquez sur le bouton Imprimer, en bas à droite de l'écran : Picasa lance l'impression et vous ramène à la phototèque. Pour imprimer plusieurs clichés sur une même page, sélectionnez-les dans la photothèque, puis relancez la commande Imprimer; Picasa rouvre la fenêtre d'impression. Dans le panneau Mise en page, choisissez un format en cliquant sur sa vignette, 5x8, 8x13... : la prévisualisation de la page s'affiche à l'écran. Suivant le format des photos, vous devrez peut-être changer l'orientation de la page

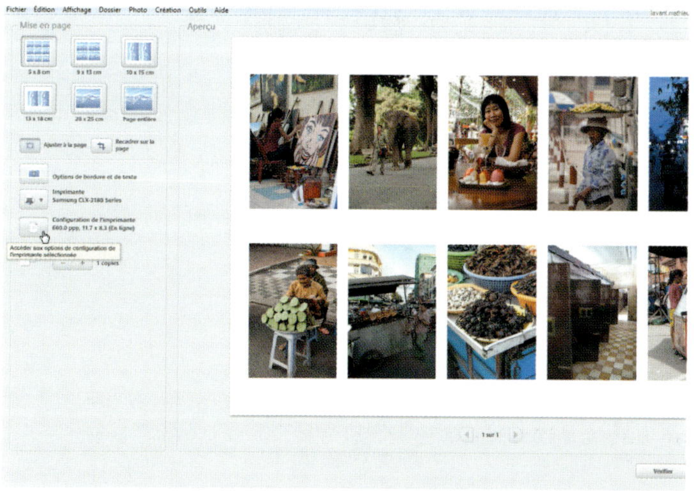

07 ORIENTATION DU PAPIER

Dans le panneau Mise en page, cliquez sur le bouton Configuration de l'imprimante : un panneau de réglage apparaît qui varie suivant le modèle et la marque de votre imprimante. Vous y trouverez le réglage Orientation. Choisissez Paysage pour répartir les photos sur un format horizontal, puis validez. Le panneau Aperçu réaffiche la prévisualisation de la page, avec sa nouvelle orientation. Si le réglage vous convient, lancez l'impression à l'aide du bouton Imprimer; sinon, revenez à l'orientation par défaut (Portrait), via la boîte de dialogue de la commande Configuration de l'imprimante.

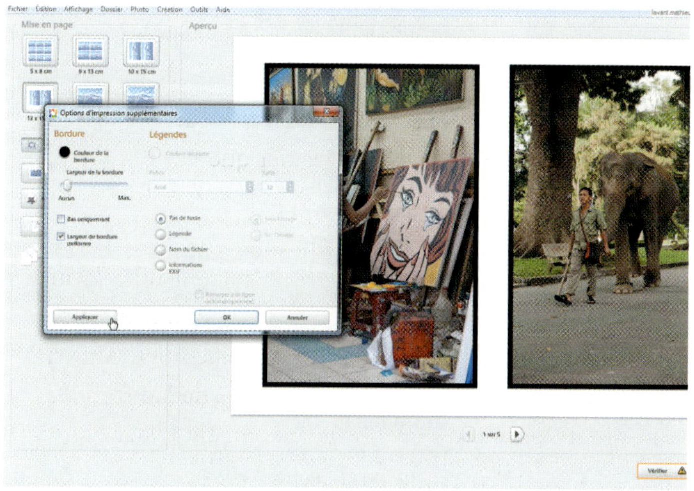

08 EFFET DE BORDURE

La fenêtre d'impression de Picasa vous permet également d'imprimer vos clichés, accompagnés d'une bordure et d'un texte. Pour paramétrer cette option, cliquez sur le bouton Option de bordure et texte, dans le panneau Mise en page. Dans la boîte de dialogue qui s'affiche, réglez la largeur de la bordure à l'aide du curseur, puis choisissez une couleur de bordure en cliquant sur la case échantillon qui s'active au-dessus du curseur. Cliquez sur le bouton Appliquer, dans l'angle inférieur gauche de la boîte de dialogue, pour prévisualiser le résultat dans le panneau Aperçu. Si l'effet convient, validez le réglage avec le bouton OK.

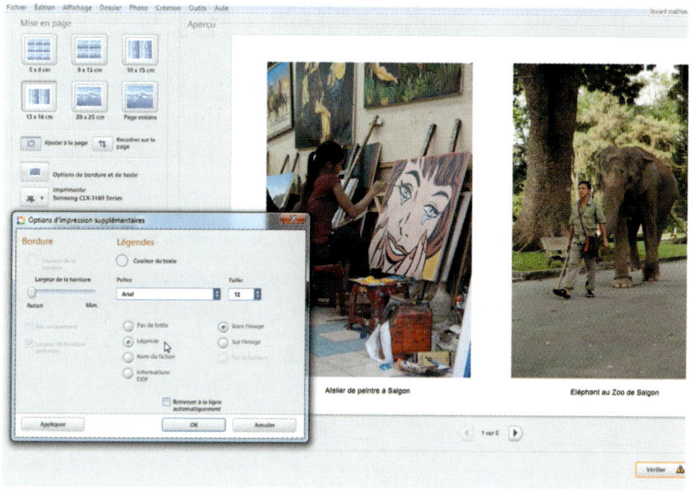

09 AJOUTER UNE LÉGENDE

Si vous souhaitez imprimer des photos légendées, commencez par saisir vos légendes : sélectionnez un cliché dans la photothèque et ouvrez-le dans la fenêtre d'édition, en tapant sur la touche Retour. Cliquez dans le champ situé en dessous de l'image, tapez votre légende, puis tapez sur la touche Retour pour revenir à la photothèque. Lancez ensuite la commande Imprimer, affichez la boîte de dialogue Options de bordure et de texte et activez l'option Légende. Réglez éventuellement la police et le corps, cliquez sur le bouton Appliquer pour prévisualiser le résultat, puis validez à l'aide du bouton OK.

INDEX

DISPONIBLES DANS NOS COLLECTIONS

BOOK OF CREATION

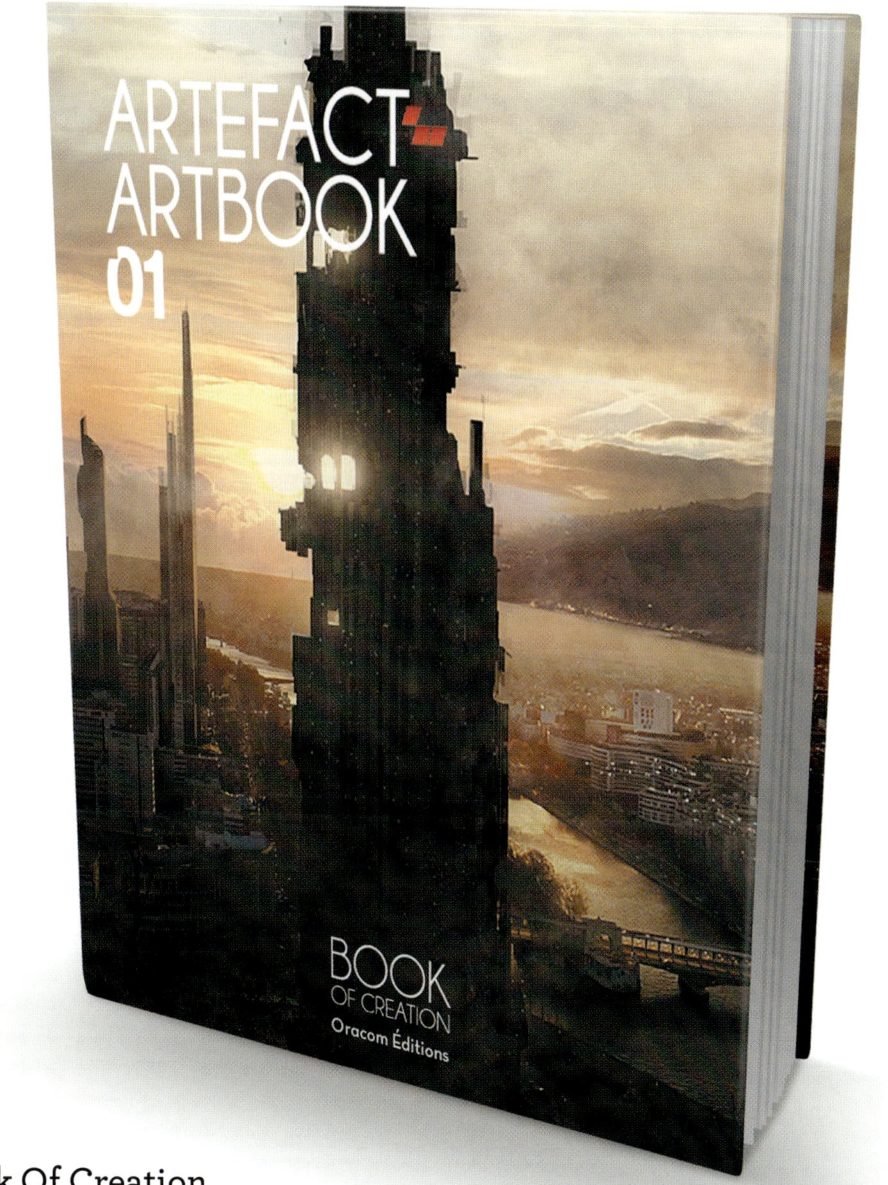

Book Of Creation
Collectif Artefact
ISBN : 978-2-36145-029-8

DISPONIBLES DANS NOS COLLECTIONS

SAVOIR TOUT FAIRE AVEC PHOTOSHOP

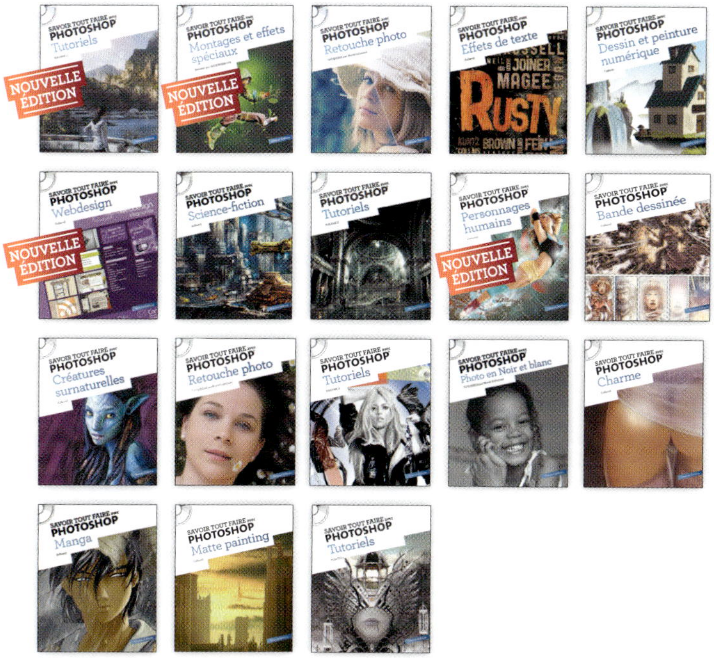

Tutoriels - VOLUME 1
Collectif

Montages et effets spéciaux
par Julien Debove

Retouche photo
par Hervé Cafournet

Effet de texte
Collectif

Dessin et peinture numérique
Collectif

Webdesign
Collectif

Science-fiction
Collectif

Tutoriels - VOLUME 2
Collectif

Personnages humains
Collectif

Bande dessinée
Collectif

Créatures surnaturelles
Collectif

Retouche photo - VOLUME 2
par Hervé Cafournet

Tutoriels - VOLUME 2
Collectif

Photo en noir et blanc
par Hervé Cafournet

Charme
Collectif

Manga
Collectif

Matte painting
Collectif

Tutoriels - VOLUME 4
Collectif

SAVOIR TOUT FAIRE EN 3D

Avec Blender
Collectif

SAVOIR TOUT FAIRE POUR LE WEB

Avec les CSS
par Julien Debove

Wordpress - Collectif

CSS3, HTML5 et jquery
par Julien Debove

SAVOIR TOUT FAIRE EN ANIMATION

2D et 3D
Collectif

SAVOIR TOUT FAIRE EN INFORMATIQUE

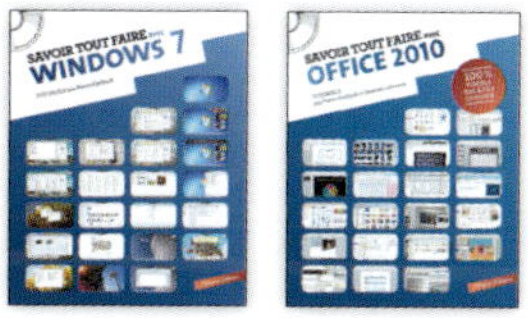

Windows 7
par Pierre Caillault

Office 2010
par Pierre Caillault
et Damien Labourot

SAVOIR TOUT FAIRE "SPÉCIAL"

iPad et iPad 2
Vos premiers pas
par Mathieu Lavant

Univers Apple
Tous les produits,
tous les usages
par Thierry Maurel

HORS SÉRIE

Les 500 meilleures
applications
pour votre iPhone
VOLUME 1
Collectif

Les 500 meilleures
applications
pour votre iPhone
VOLUME 2
Collectif

Cet ouvrage a été composé en Helvetica, Bembo et Roti Serif
et achevé d'imprimé en novembre 2011 chez IME, en France.
Fabrication CD MPO en Espagne

ISBN 978-2-36145-045-8
Dépôt légal : novembre 2011